+1cm BEST

あなたの人生がたちまち輝く あと 1cm の魔法

キム・ウンジュ／文　ヤン・ヒョンジョン／イラスト　小笠原藤子／訳

文響社

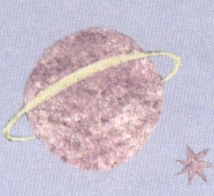

フランス

J'ai été attirée par ce livre
dès la vue de son titre, court et intriguant.
J'ai vraiment beaucoup apprécié sa lecture.
Une multitude de petites histoires et d'anecdotes
qui font tour à tour réfléchir, aimer et rire.

タイトルを見た瞬間、惹かれました。
読むのが本当に楽しかったです。
考えさせられ、愛おしく、
笑顔になれる、
小さな物語とエッセイの数々。

中国

书里面介绍了
许多人生感悟方面的小句子,
每一句的值得仔细品味。

この本には、
人生の気づきがいっぱい。
じっと集中して読んで、
考えを巡らせる
価値がある。

日本

私の人生の1冊!
1ページ1ページに共感しました。
何度も読み返しています。

タイ

หนังสือที่ให้ความรู้สึกดี
ที่สุดที่ได้อ่านในปีนี้

今年読んだ本で、
もっとも読み味のいい1冊。

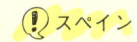

日本の読者のみなさまへ

2016 年に日本で『+1cm』が出版されて以来、国境も言語も超えて愛読してくださっている読者のみなさまに、感謝の気持ちでいっぱいです。

様々な言語に翻訳され、世界各地でミリオンセラーとして愛されていることは、作者としてこの上なく幸せで、光栄なことです。

特に日本からは多くの応援と感謝のメッセージをいただきました。

闘病中の患者さんが『+1cm』を読んで治療に前向きになり、生きる意欲を出したことに深く感動したという医療従事者の方。手書きの手紙を送ってくれた高校生。娘さんと一緒に楽しんでいるという方。そのほかにも私の本を読んで、人生が好転したとお便りをくれた方々。人生に必要な「+1cm」の数々を、積極的かつ主体的に模索されているみなさまの姿に、作者としてこれ以上ない喜びを感じると同時に、心からの拍手を送りたいと思います。

『+1cm BEST』は韓国での出版 10 周年を記念した改訂版として気軽に始めたつもりでしたが……。読者のみなさまへの「特別なプレゼントにしたい」という思いから情熱があふれ出し、最終的に全編にわたり再編集、37 点のエッセイとイラストを書き下ろすことになりました。

制作中は明け方まで作業する日が続くこともありましたが、長い歳月タッグを組んだイラストレーター、ヤン・ヒョンジョンさんとの作業はかけがえのないひとときでした。その幸せな気持ちはきっと、この本を通じてみなさまにも届くと信じています。

私は、本は「読みもの」であるだけではなく「可能性」だと捉えています。私の「本」の世界に初めていらっしゃった読者のみなさま、ようこそ！ そして、長きにわたる読者のみなさま、大好きです。（シリーズの1冊『+1cm LIFE』に収録されている「新しいものは歓迎され、慣れ親しんだものは大切にされる」という一節のように ☺）

どうか、「+1cm」を通して、あらゆる固定観念から解き放たれてください。そして、あなた自身の新しい可能性を発見してください。それこそがこの本に込められた想いです。

息ぴったりのイラストレーター、ヤン・ヒョンジョンさん、この本の内容をこよなく愛して胸に刻み、翻訳してくださった小笠原藤子さん、いつも真心込めて出版してくださる文響社さんに感謝申し上げます。

そして何より「日々自分だけの +1cm を探している」愛すべき読者のみなさまのクリエイティブな旅を、作家として、また同じ地球という星に生きる友達として、心から応援しています。

2024 年 5 月 ソウルにて
キム・ウンジュ

CONTENTS.

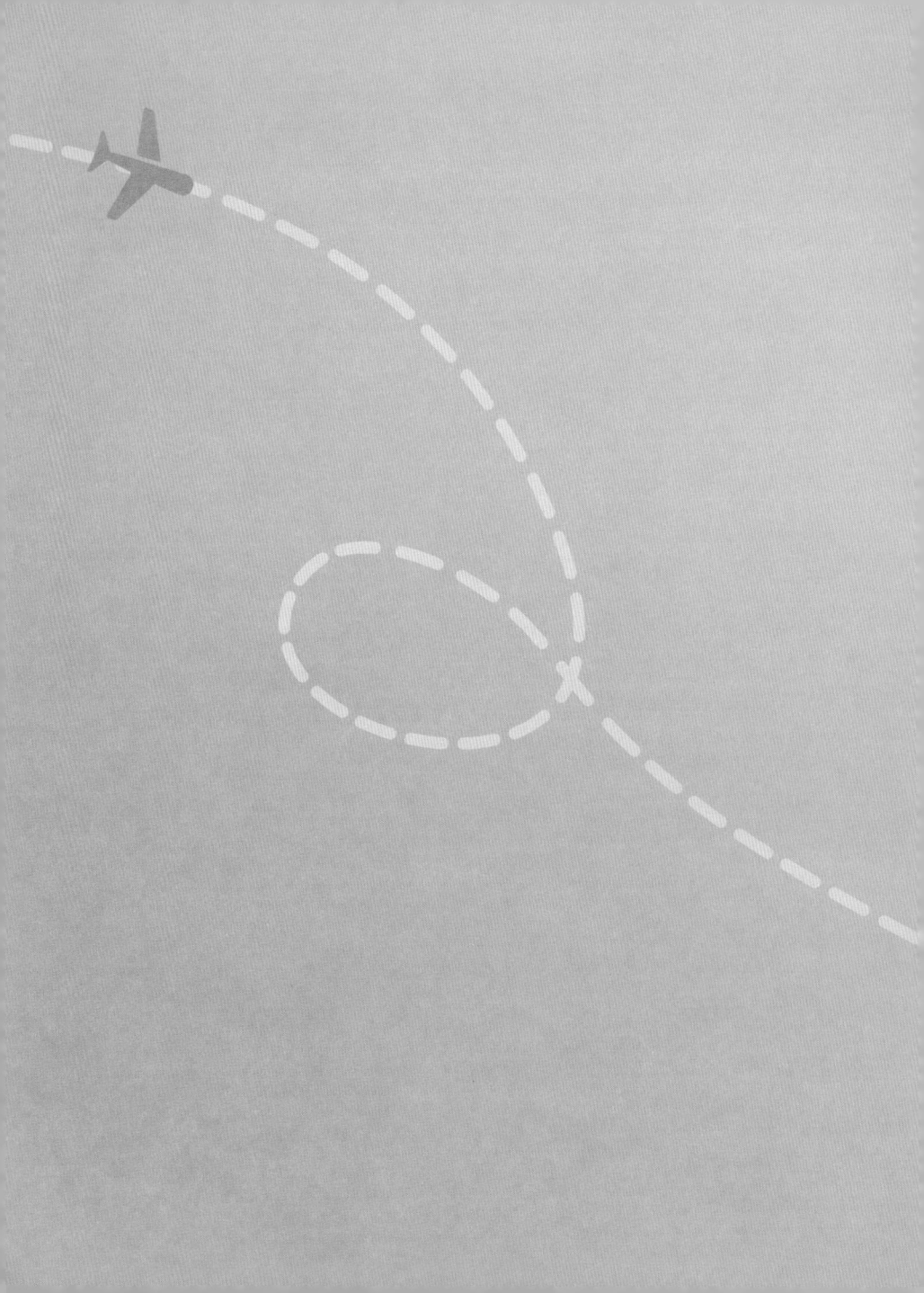

ジョギングのゴール

今日走った７km分、
未来の私に近づいている。

ひとりの時間

ひとりでも寂しくないのは
「わたし」と一緒だから。

心から楽しむひとりの時間は
「わたし」との約束。

ジョギング
読書
買い出し
料理
散歩

ひとりだけど、
ひとりじゃない。

「わたし」といるから、ひとりでも楽しい。
誰かといるときと同じくらい、貴重な時間。

ひとりぼっち

「わたし」と一緒

変化を求めるなら

座った場所を変えない限り、
新しい風景には出会えない。

固定観念

『+1cm LIFE』より

最初の5秒は

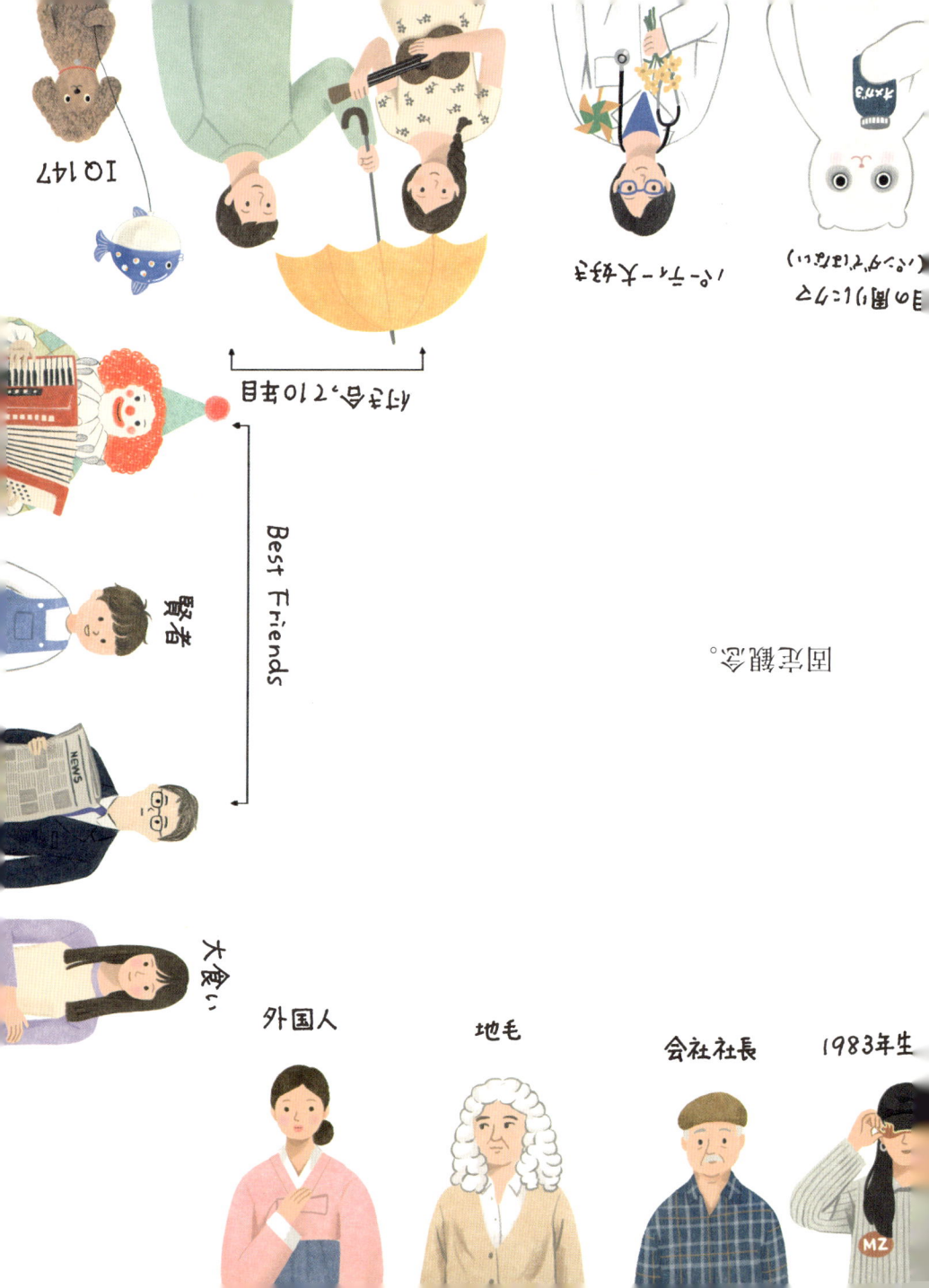

大切な人の見分け方

自分にとってかけがえのない人とは、
遠い異国で偶然出会う人でも、
忙しさを理由になかなか会えない近くの友達でもない。

遠くからでも私のためだけに
わざわざ会いに飛んで来てくれる、
まさにそういう人。

私への誤解

自分は無口だと思っていたけれど
それは、自分の話ばかりする人といるときの私だった。
引っ込み思案だと思っていたけれど
それは、声を荒らげる人といるときの私だった。
面白みのない人間だと思っていたけれど
それは、気が合わない人といるときの私だった。
何ごとにも興味が持てないと思っていたけれど
それは、趣味が合わない人といるときの私だった。
怒りっぽいと思っていたけれど、
それは、いつも約束を破る人といるときの私だった。

話に耳を傾けてくれる人
思いやりのある人
ユーモアセンスが合う人
同じ趣味や価値観を持つ人
誠実な人といるときは、
私だっておしゃべりになって、堂々としていられる。
ユーモアを交え、目を輝かせ、優しくいられる。
今よりずっと好きな私になれる。

自分を好きになりたいなら
誰と付き合うか、それが重要。

新しい恒星を探し続ける天文学者のように、
夜空に輝く星みたいな人を見つけよう。
お互いに心を照らし合える衛星、
そんな誰かが宇宙のどこかにきっと存在するはずだから。

相性を表す星の数

リバーシブル

いいことがあるから笑う。
笑うから、いいことが起こる。

余裕があるから分ける。
分ければ、余裕が生まれる。

かわいいから大好き。
大好きだから、かわいく見える。

友達だから信じる。
信じられるから、友達。

上手だから褒める。
褒めるから、上手になる。

十分だから満足する。
満足できるから、それで十分。

できることを始める。
始めれば、できるようになる。

若いから挑戦する。
挑戦するから、若い。

世界が変わるから考え方も変わる。
考え方を変えれば、世界は変わる。

表はスタジャン　　裏返せば花柄

どっちもかわいい！

心の遣いどころ

無理やり修復する関係もあれば、
自然に修復される関係もある。

修復し続けないといけなくて、
いつだって嫌な気持ちにさせられる、
そんな相手に心を遣う必要はない。

時間やお金と同じで、心にも限りがある。
心を遣いたくなる相手もいれば、
心を節約すべき相手もいるってこと。

心を節約するとき　　　　心を遣うとき

シンプルが素敵

Jane Birkin

Audrey Hepburn

ジェーン・バーキン* の
T シャツとジーンズ

オードリー・ヘップバーン** の
リトルブラックドレス

*英国出身の俳優、モデル。フレンチシックの代名詞。
**米国の映画俳優。＜ティファニーで朝食を＞＜ローマの休日＞などでのファッションが、流行りのアイコンスタイルになった。
***洗練されたファッションと確かな演技で 1960 年代に一世を風靡した俳優、人権運動家。

Jean Seberg

and you

ジーン・セバーグ*** の
ボーダーカットソー

今日の気分はセバーグ。

愛され続けるものはこんなにシンプル。

実は、心も生き方も同じ。
着飾らなくても十分魅力的。

悲劇の定義

#1
海辺のレストラン、どこまでも続く白い砂浜、照りつける太陽、
頬をなでる風、センスあるテーブルセッティング、
エレガントな食器に盛られた最高級料理を前にしたカップル。

　男性：I hate you！
　女性：I curse you！

とびきり美しい風景が広がる映画のワンシーン。
でも、お互いを傷つけ合っているなら
それは悲劇そのもの。

逆に、どん底にしか見えない状況でも
愛をささやき、分かち合っているなら
それは悲劇ではない。

絶望に直面していても
二人が固く手と手を取り合い
　立ち上がろうとするのなら、
　　　それはまさしく希望あふれるワンシーン。

現実の世界でもそれは変わらない。
希望があるのか、絶望しかないのかを決めるのは
美しさや、惨めさ、喜びや悲しみを
映し出す背景ではなく、
ひとえに本人たちの心持ち次第なのだ。

長続きの秘訣

パートナーと長く付き合いたいなら、
優れたところを探すよりは、
どれだけ相手に幻滅せずにいられるか。
それこそが長続きの秘訣。

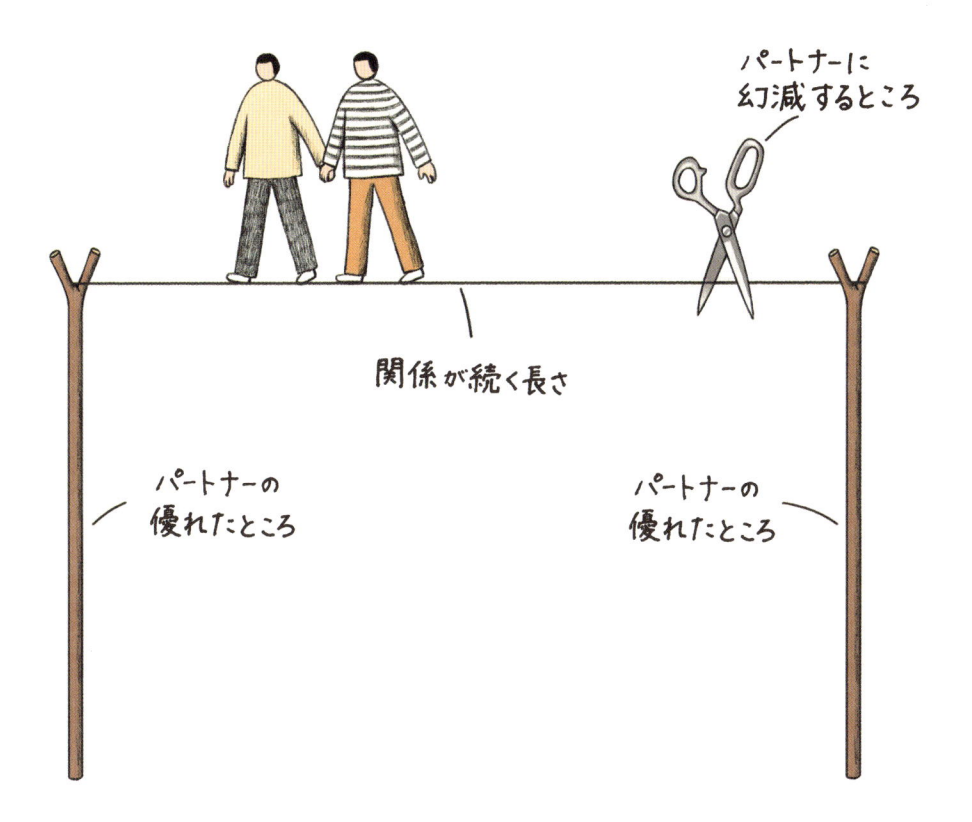

パートナーに
幻滅するところ

関係が続く長さ

パートナーの
優れたところ

パートナーの
優れたところ

釣りのコツ

私たちは「今」という
「人生でいちばん大事な瞬間」を釣りながら生きている。
ときどきそのことを忘れて
「今」を釣り損ねてしまうのは、すごく残念。

世の中のどんな大物を釣り上げるより、
何度でも「今この瞬間」を釣ること。
それが人生を充実させるコツ。

真の品格

親しくすべきか、距離を置くべきか。
その簡単な判断基準は、
他人の不幸を喜ぶ人なのかどうか。
喜んで話すようなら、遠ざけるに越したことはない。

他人の不幸を面白がって言いふらす人や、
見返りを期待して手を貸すふりをする人は
もう放っておこう。
不幸のどん底で打ちひしがれた人にも
そっぽを向いたりせず、
心から共感し、寄り添って
相手の心を明るくできる人、
手を差し伸べられる人、
そういう人と付き合おう。

身なりやヘアスタイルにではなく、
誰かの不幸にどういう態度を見せるのか。
品格がもっともよく現れるのは、まさにそこだ。

不幸な状況　　　　　　　　「本当に」不幸な状況

…から見えてくる「本当の」関係

人間関係フィルター　　——時間の無駄を減らして差し上げます

あなたの親切を当然のように受け取る人なら
フィルターにかければいい。

くだらない格付けをして、
弱者をあしらい、強者にへつらう人なら
フィルターにかければいい。

会うたびに嫌な気分にさせられ
あなたの存在や生き方を揺さぶってくる人なら
フィルターにかければいい。

誰かとつるんで偉そうにしたり、
子供じみた仲間はずれをする人なら
フィルターにかければいい。

Ａといれば Ｂ の悪口を言い、
Ｂといれば Ａ の悪口を言う人なら
フィルターにかければいい。

劣等感に苛まれ、ひねくれた捉え方しかできず、
あなたを誰かと比較したり、おとしめたりする人なら
フィルターにかければいい。

ここでフィルターにかける人を選り分けるポイントは、
あなたに対して最低限の礼儀や関心があるかどうかだ。

現実世界の人間関係

心の中の人間関係

トゲはフィルターにかけ、
小さくても穏やかに

コーヒーも、豆の選び方によって
酸味が強かったり、香り高くなったりする。
それと同じで、付き合う人をどう選ぶかが鍵。

でもまずは、あなたが賢明で魅力的な人になってみよう。
適温のお湯とドリップ速度で香り高いコーヒーを淹れるように
あなた自身に手間暇かけてみて。

そうすれば、品のない薄情な人を
迷わずフィルターにかけられるだけでなく、
遠くからでも香り高きあなたのもとへ
素敵な誰かがきっと惹き寄せられるから。

P.S.
あなたがフィルターをかけたい人ってね、
実は誰もがそう思ってるの。
失礼だから、みんな顔に出してないだけ。
大切な人でもないから、どうでもいいしね。

読書のプラス・マイナス

読書*は人生の折々で役立つプラス・マイナス。

いいアイデアを得たくて読む本もあるけれど、
悪い考えを掃き出すために読む本もある。

チェアデザイン… Karim Rashid

*人類史上、長期にわたり「読書」は特権階級にだけ許された権力の象徴だった。18 世紀末、ヨーロッパで印刷技術が発達し、個人が書籍商から本を購入できるようになると一般の人々も本を読むようになった。

人生に不満を抱いたり、
頭が整理できなくなったりしたときは
近くの書店や図書館に行ってみよう。

本はかつて、
ティーカップ**やチョコレート***同様、貴族の専有物だったけれど、
今ではとってもリーズナブルに手に入り、
誰でも読書を楽しめる
世の中になったのだから。

** 15 世紀、ヨーロッパの人々は「東洋の神秘的なお茶」に熱狂し、富と権力の象徴としてティーカップを蒐集した。植民地で茶を栽培し、茶葉を専門に売る「ティーガーデン」が流行。高価なティーカップを手にした姿を肖像画に残すこともあった。

***メキシコ原住民が薬や飲み物として重宝していたカカオ豆は、15 世紀末にコロンブスが持ち帰り、17 世紀中頃ヨーロッパ全域に広がった。チョコレートは貴族の朝食メニューに取り入れられ、一杯のホットココアで 1 日が始まった。

傷付いた言葉　恐れ　未練　失敗　取り越し苦労　失言　嫌な人　悩み

言葉が届く場所

言葉は速く届き、文章は遠くまで届く。

美しい言葉で、あなたの心に微笑みが訪れますように。

素敵な文章で、あなたの心が晴れますように。

頑張らなくていい理由

愛してほしいと
せがまれるから
誰かを愛するわけではない。

素敵だと思う人や
自分に似合う人と
そっと自然に恋に落ちる。

だから
誰かに愛されようと
頑張らなくていい。

他人の視線を振りほどき、
素敵な自分を見つけることに
もっと夢中になっていい。

人間関係の地図　　―しがらみから解放される方法

誰もが幼なじみの友達とは心が通い合っていると思い込む。
だから自然と高い期待を寄せるのだ。
でも、高く投げられたボールほど命中したときの痛みが強くなるように、
高い期待はときに想像以上の痛みにつながる。

心折れたとき、頼れると信じていた友達は、
忙しくて肩を貸してくれないかもしれない。
悩みを親身に聞いてくれると期待していたのに、
特に関心を示してくれないかもしれない。

私のことをわかっていると期待し、
私も友達のことを知っていると自信満々でも
いつからか、友達は私について知らないことが増えて、
「こんな人じゃなかったのに」とがっかりするかもしれない。
「お互いのことをあまり知らないんだ」と思い至るかもしれない。

記憶の中で大切にしまっているあの見慣れた姿、
考え方や趣味が同じで、あれほどまでに通じていた気持ち。
それらはぜんぶ、過去のこと。
でも、それだけで価値は十分にある。
だから、もう当時みたいに期待したり頼ったりするのはやめよう。

思い出は綿菓子のように甘いけれど、現実は違う。
幼い頃遊んだゴム跳びのルールを忘れてしまったように
あの頃とはあまりにも異なる私たち。

興味の対象や、性格、言葉遣い、
人生の価値観さえも移ろいゆくもの。
月日が流れて山が削られるように、
新しい道ができるように、
昔からの関係だって変わって当然。

誰も悪くない。
がっかりすることでもない。
いたって自然なこと。

幼なじみの友達を「いちばんの親友」だと
期待まじりの型にはめず
「幼なじみ」という言葉でくくってしまえば、
むしろスッキリする。

無理に関係を保とうとせず、
自然に任せるのが最善のときもある。

「こんなはずじゃなかった」ではなく
「あ、こんな面もあったんだ」。
「こんなときは、こうしてくれるといいのに」ではなく
「この子なりのやり方があるのね」。
楽しいことがあれば昔みたいに笑い合い、深い話もできるかもしれない。
そこからまたいい思い出ができる。

期待通りにいかなくても平気。
それは月日を超えた、新たな関係の始まりかもしれないから。

誰の人生においても、人間関係の地図は常に変わり続ける。
相手への期待という「等高線」は低くも高くもなる。
誰かを好きという気持ちの「風向き」は北から南に変わるかもしれず、
よく会うグループの「森」の形や大きさも変化するかもしれない。

どんな人とのつながりにも自由の幅を持たせれば、
あなた自身もまた、人間関係のしがらみから自由になれる。

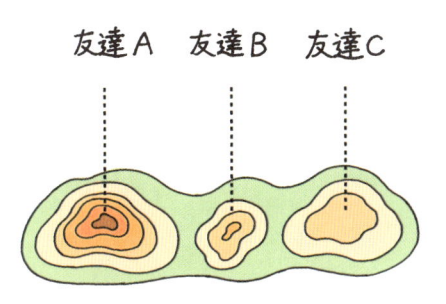

友達A　友達B　友達C

人間関係の等高線 —— 今

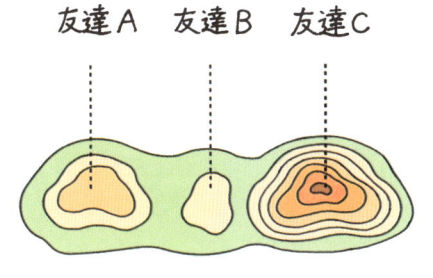

友達A　友達B　友達C

人間関係の等高線 —— 3年後

不幸せのメリット

幸せに包まれているとき、
他人の不幸せに心から共感するのは難しい。
幸せを願っているはずなのに
言葉だけが上滑りしてしまう。

反対に、自分が深く落ち込んだときや
幸せになりたいと切に願うときは
自分と同じくらい、あるいは
もっと不幸せな境遇の人に共感することで
人生の新たな一面に光を当てられるようになる。
そこでは自分と他人の世界が触れ合いながら、
広がりをみせる。そんな貴重な経験ができる。

不幸せ1回分は
何冊もの哲学書を読むよりも
人生を、自分と他者を、
奥深くのぞきこませてくれるのだ。

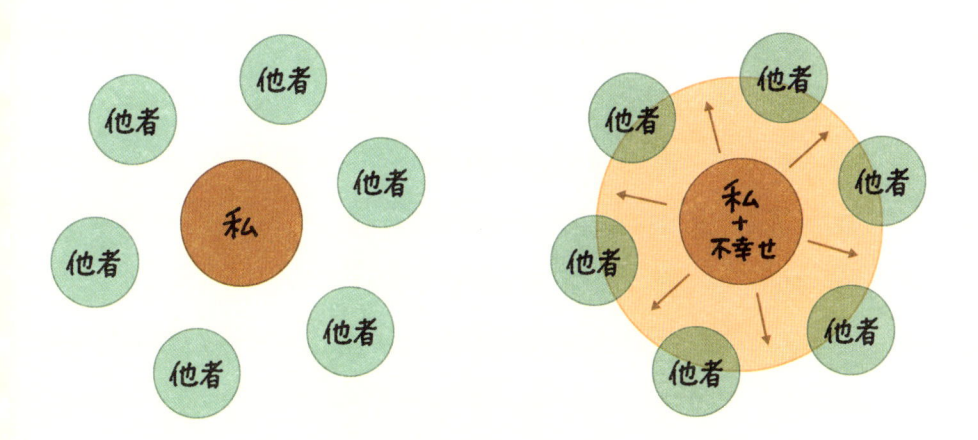

貴重な体験

人生と他者への理解

情熱が最先端

「努力」って聞くと
ちょっとダサいイメージがあるかもしれない。
でも、最先端の音楽、映画、ファッション、お笑い、
どんなものだって
それは誰かによる努力の賜物。

貧しさ、つらさ、挫折。
いつまで続くかわからない苦しみにあっても
努力する日々。
それがあってこそ成功は築き上げられる。

成功に嫉妬することはあっても
努力には誰もが敬意を払う。

その努力を突き動かすのは、情熱だけ。
つまり、いつの世も
最先端をいくのは情熱なのだ。

成功

努力の痕跡

新しい自分へ

「一瞬の選択が人生を決める」とガチガチになっているうちは、
永遠にその瞬間から歩み出せない。

後悔する選択をしたって
間違った選択をしたって
人生の舵を切れるのは
やっぱり自分だけ。

「一瞬の選択が人生を決める」という文を
「一瞬の選択も、人生を決めるのも、自分自身」
という文に置き換えてみよう。

その途端、ひらりと「過去のあの選択」から解放され
「真新しい瞬間」を迎えて進んでいけるから。
過去の選択を間違えたと思うこともある。
でも、未来の選択によっては
それが優れた選択になる可能性だって残されている。

この真実に気づいたあなたは
これからどんな選択をして、どんな結果が生まれても、
以前のように落ち込むことなく、気持ちはずっと軽くなり、
次の一歩をもう少し堂々と踏み出せるに違いない。

人間の体は周期的に新たな細胞に生まれ変わる。
白血球は約 10 日ごとに、
皮膚細胞は 28 日ごとに、
肺の表面の細胞は 2 〜 3 週ごとに。
脳内タンパク質の細胞は 1ヶ月ごとに 98% 新たな細胞に変わる。

物理的にも一瞬一瞬まっさらになる私が下す新たな選択は
いつだって、この手の中にある。

人生の選択

いつもの選択

新たな選択

その結果

私たちは水泳選手じゃない

「勇気を出して」や
「愛してる」を伝えるための
準備運動はいらない。

「君の味方だよ」とそっと抱きしめるのに、
「お疲れさま」と背中を軽くたたくのに、
「本当にありがとう」と頭を下げるのに、
準備運動はいらない。

それなのに私たちは
高いジャンプ台からプールに飛び込む直前に
わざわざ準備運動をしちゃうみたいに
「心臓に悪いかな」
「捻挫しちゃうかも」
とおじけづき、
タイミングをうかがっているうちに
一言が出せなくなってしまう。
心を通わせられる、
悲しみを小さくできる、
笑顔をもっと弾けさせられる、
またとないチャンスを逃してしまうなんて。

私たちは水泳選手じゃないし、
他人の心はプールでもない。

誰かの心の中に飛び込むときに
準備運動はいらない。

ただ心のこもった一言、
それだけで十分。

1.

2.

3.

4.

5.

やっと準備完了！
抱きしめてあげる

やっぱり惹かれる人

正論を押し通す人は
礼儀正しい人になれず、

浅はかな人は
純朴な人に勝てない。

喧嘩腰の人は
相づちを打つ人の前で戦意喪失し、

誰かをおとしめる人は
謙虚な人ほど高みは得られない。

親切の押し売りをする人と
真心を尽くす人は同じではない。

今、世の中はお互いへの苛立ちや嫌悪で
あふれているように見えるかもしれない。
でも本当に素敵な人や心優しい人が誰なのか、
私たちにはちゃんと見分けられるはず。
たとえ時代が移ろうとも、自然と惹かれ心開いてしまう人は
結局、変わらないから。

✈ **1cm AIR TICKET**　　　　　　　　　**FIRST CLASS**

 **Me** ----→ **BREAKING**

1cm視線をずらすと見えてくる新しい世界

TIME	GATE	NEXT	
NOW	**2**	**FINDING**	

空色という思い込み

空色

固定観念を捨てるには、

まずそれが思い込みだと
気づくこと。

空色 2
朝焼けの空色

空色 3
夕焼けの空色

空色 4
曇った日の空色

空色 5
真夜中の空色

空色 6
夜明けの空色

空色 7
恋に落ちた日の空色

Old & New 『+1cm LIFE』より

電動歯ブラシが登場しても
歯ブラシを捨てたりなんかしなかった。

ワンタッチ式傘が登場しても
普通の傘を捨てたりはしなかった。

テレビが登場しても
ラジオや映画はなくなったりしなかったし

新しい曲がヒットしても
昔の曲は歌い継がれている。

新しいものは歓迎され、
慣れ親しんだものは大切にされる。

+1cm の想像力　その1

もしも地球が四角なら、
宇宙の風呂敷1枚で
はい、1日のできあがり。

朝

夕方

夜

「いいね」の実態

皮肉な事実：
あなたが実際にいいと思うものは、
「いいね」を押すインスタの中より
外の世界にずっと多く存在している。

♡「いいね」は押すものではなく、
❤ で感じるもの。

悲観的な見方:
「水が半分だけ」

楽観的な見方:
「水が半分も」

実際:
「コップ半分の水」

ありのままに見つめる練習

悲観的な見方：
「水が半分だけ」

楽観的な見方：
「水が半分も」

実際：
「コップ半分の水」

ときにはどんな意見も参考にせず
まとまらない考えからいったん離れ
物事や状況をありのままに見つめる練習が必要。

そうすれば、ひどく沈むことも
必要以上に浮かれることもなく
水の表面を滑らかに移動するアメンボのように
すうっと前に進んでいける。

あるがままの現実を受け入れれば、
人生は意外なほどシンプルになる。

心の平穏を求めて

最近のあなたは A ？
それとも B ？

A になりがちなら、
「いつも忙しいから休日くらいはごろごろしたい」
なんて言わず
テーブルについて、
ゆっくり紅茶を飲む時間を作ってみるのはいかが？

どうして心が落ち着かないのか、
その不安や悩みに向き合ってみる、
そんな時間が必要だから。

ひとり静かなティータイムを過ごすことで
早くまた心の平穏を取り戻せますように。

A. 不安だらけ

B. 心の平穏

悪魔はその一瞬にやってくる

憤り、誤解、強欲、挫折、誘惑……。
それは、人間の心を一瞬で支配する悪魔の仕業。

支配され始めたら最後、それこそ悪魔の思う壺。

弱さにつけこまれた人間は
すべてを失うという過ちを犯すのだ。

でも、覚えておこう。

悪魔による支配は、ほんの一瞬。
すぐに消えるその刹那さえやり過ごせれば、
私たちの心も、人生も、
自由に解き放たれるということを。

テレビショッピングの哲学

雨の降る日にサンダル、太陽サンサンの日に傘まで売りさばく
テレビショッピングからも学べることがある。

「高品質のブランドバッグに引けをとりません。
本革のように滑らかな手触り！」
——ポジティブな見方。

「もう1パックお付けしてお届け、本日限りです！
さあ今すぐお電話を！」
——この瞬間に集中せよという教え。

「あ、ただ今をもってベージュが完売！　完売しました！」
——人生はタイミングだと身をもって学ぶ機会。

「返品は一週間以内でしたら、何度でも可能です」
——失敗を挽回するチャンスは誰にでもあるというたとえ。

テレビショッピングにだって、
人生の哲学がある。

人生の哲学
学びすぎ
ちゃった

ボクのは？

不満足ループ

神は、お腹を空かせた人にパンを与えたが、
その人は着る服がないから不幸だと言う。
着る服を与えたら、座る椅子がないから不幸だと言う。
座る椅子を与えたら、横になれるベッドがないから不幸だと言う。
横になれるベッドを与えたら、ベッドを置く大きな家がないから不幸だと言う。
大きな家を与えたら、車がないから不幸だと言う。
車を与えたら、スポーツカーではないから不幸だと言う。
スポーツカーを与えたら、空を飛べないから不幸だと言う。
好きなだけ飛べるように翼を与えたら、
あなたのような神にはなれないから不幸だと言う。

手に入れられないから満足できないのではない。
手にしたもので幸せと感じられないだけ。

ヒーリング

ヒーリングだらけの時代。
ヒーリングミュージックやカフェ、
ヒーリングスパ、マンションなんてものまである。

見渡せば、傷ついて癒やしを求める人ばかり。
ところで、傷つけた人はみんなどこにいるの？

傷つけた当人でさえ、癒やしが必要だなんて……。
むごたらしい加害者までもが、傷を負ったと被害者づらする世の中。

自分の傷しか見えないあまり、
自分がつけた傷にはまるで無頓着。
あたかも何ごともなかったかのように振る舞っているのでは？

ヒーリングだらけの時代を生きる私たち。
でも、ふと
相手の傷が自分の傷より深いと気づいたなら、
立ち止まり、振り返り、勇気を出して過去と向き合ってほしい。

人は、自分の未熟さを認めることで大人になれるもの。
犯した過ちと、傷つけてしまった相手に心から向き合えてこそ、
真の意味で心のヒーリングが始まるから。

ヒーリング・カフェ
行こうか

ハハハ

よいしょ、よいしょ、急げ！

黒と白

黒と白は、相反することばかりではない。
無彩色という共通点がある。

正反対に見える二人にも、
通じ合うものがあるのだ。

Best Friends

どんな古典も最初は革新的　その1

BTS登場前

Yellow

象牙色
レモン色
バニラ色
薄い黄色
濃い黄色

BTS 登場後

Butter

Butter Color グーグル検索結果
：約 664,000,000 件

BTS の楽曲＜ Butter ＞*が流行して数年経った今も、
バター色のものたちは主に韓国市場で
相変わらずホットな存在として闊歩している。
これまで様々な名前で呼ばれてきた黄色系の色は
あれもこれも「バター色」と命名され、
さらりと黒色と肩を並べることになった。

BTS のたった1曲が革新的な「バター色」を登場させた。
なんの強要もせず、拒絶反応も生まず、無抵抗に変えられた認識は、

時代の新たな常識、そして定義になる。

つまり、私たちが当たり前だと思う多くのことは、
ある出来事をきっかけに、ガラッと変わる可能性があるということ。

太陽が地球の周りを回るのが当然だったのに、
地球が太陽の周りを回ることが当然になった。
人間の頭の中に浮かぶ考えは、
かなり確かな事実と思える信念でさえも、
もしかすると90％は固定観念なのかもしれない。

信じていた「事実」は、実のところ「意見」に過ぎず、
「定義」だって変わり得る「約束」に過ぎない。
「固定観念」は、実は固定なんてされていないのだ。

バスタブにぷかぷか浮かぶバター色のあひるみたいに、
どんな考えもひとところには留まらない。

時代が流れたら、またいつか
ホットな名前をつけた色が登場するのだろう。

＊防弾少年団（BTS）が2021年5月に発表した曲。米ビルボード・メインシングル・ランキング「ホット100」で通算10回の
1位を獲得した。（86ページ掲載のカラーチップは＜Butter＞アルバムジャケットの文字をモチーフに作成）

どんな古典も最初は革新的　その2

BTS ファンの世界における
アルファベットの新常識。

A B T S C D

E F G H I J

K L M N O P

Q R U V W

X Y Z

ME NEW ME

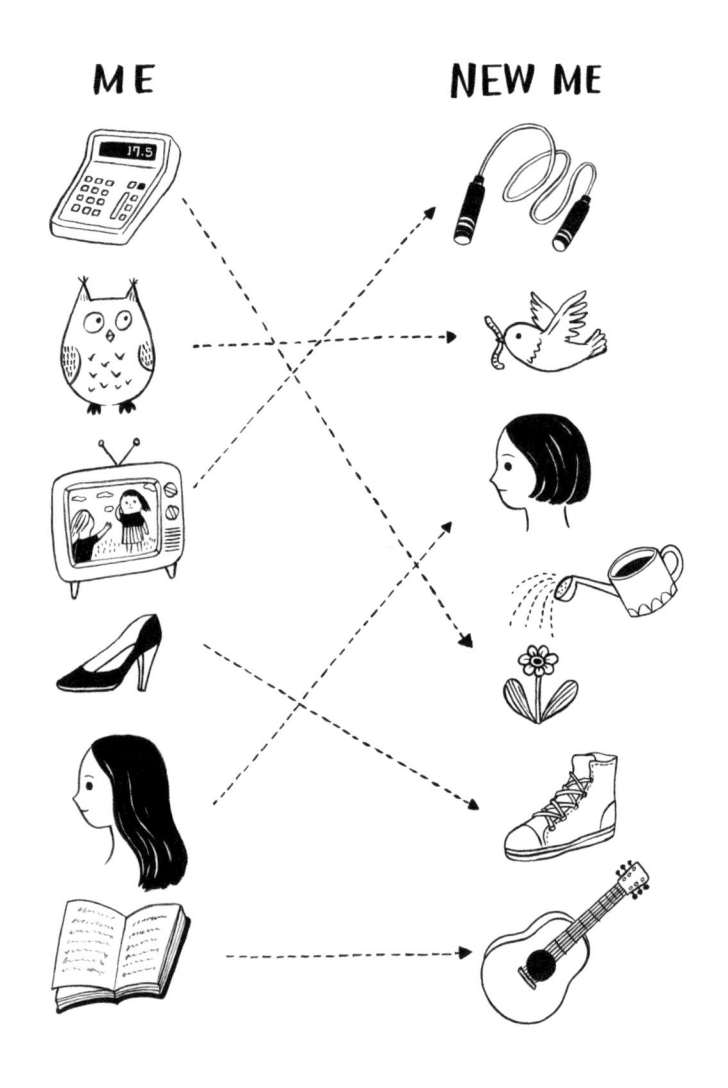

反対の選択

あなたが夜型人間なら
明日は早起きして、朝の余裕がくれる新鮮さを味わおう。

散歩が好きな平和主義者なら
明日はスリルいっぱいのラフティングに挑戦してみよう。

自分を追い込むタイプなら
明日はとことん自分を甘やかそう。

いつも粗食ばかりなら
明日は贅沢なコース料理で自分をもてなしてみよう。

帰宅するなりソファーに座ってテレビをつけるなら
明日はスポーツウェアに着替えて、夜にジョギングでもしてみよう。

スニーカーばかり履いているなら
明日はピンヒールに合わせたトータルコーデで、
新しい自分に出会おう。

卒業後、習い事をしたことがないなら
明日はカリグラフィーやパン作り、バリスタ養成講座を受けてみよう。

いつも同じ道しか歩かないなら
明日はちょっと違う道に入り込んでみよう。

人生も同じ。
いつもと反対の選択は、
新たな発見やチャンスそのもの。
あなたのために、あなただけができること。
小さなことからでも、人生を真新しく変えるチャンス。

「なんか面白いことないかな?」とつぶやきながら
結局何も変わらないと実感しているなら、
明日は自分に「いつもと反対」をプレゼント。

貯金を崩す必要はなし。
費用は多くかからない。(または全くかからない)
大げさに準備する必要もなし。
軽く決心さえすれば、準備完了。

ロマンチスト、旅行家、美食家、バリスタ、
ファッショニスタ、カメラマン、詩人や画家……。
そんな隠れた自分が目覚めて、ワクワクさせてくれるかも。
会いたい人との待ち合わせより、ウキウキしちゃうかも!?

明日はいつもと反対を試してみよう。
思いがけず、
すごく新鮮に感じられるはずだから。

＋1cm の想像力　その2

自分を育てられる
ノート1冊くらいは持っておこう。

邪悪な想像力

新しい遊びのネタから
新しい悩みのタネまで作れちゃうようになったあなた。
自分の想像力の翼をそこまで広げられるなら、
もう立派な大人になった証拠です。

でも
まだ起きていない、起こらないかもしれない、
別れや失敗、病気、悲しい結末、不合格、苦痛に関しての想像なら
歯止めをかけてあげましょう。

あなたを苦しめているのは、ほとんどの場合
現実ではなく杞憂なのですから。

1
2
3
4
5
6
7
8
9
10
11
12
13
14
15
16
17
18
19
20
21
22
23
24
25
26
27
28
29
30
31
32
33
34
35
36
37
38
39
40
41
42
43
44
45
46
47
48
49
50
51
52
53
54
55
56
57
58
59
60
61
62
63
64
65
66
67
68
69
70
71
72
73
74
75
76
77
78
79
80
81
82
83
84
85
86

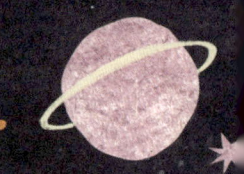

癌を完治させる治療、
世界経済の流れを完璧に予測する方法、
UFO が都市の上空あちこちに出没する理由、
宇宙誕生の謎、
これらについて、人類は突き止めきれずにいる。

でも、すでに人類は
人生を美しくするのは愛、
変わらぬ友情、
夢を叶える過程での充実感、
転んでも起き上がるたびに強くなれること、
お互いに手を差し伸べれば共に生き抜けること、
美味しい食事や美しい音楽がもたらす
日々のささやかな楽しみ、
これらについてはよく知っている。

人類に画期的な変化をもたらす数限りない真実は
いまだに遥か彼方にあるかもしれない。
でも人生で重要な真理は、もう、今ここにある。

それだけで、
地球という星に生きる私たちは
十分幸せになれるのだ。

審美眼

美しい写真。
それはカメラに収められた数知れない写真から
もっとも魅力的な1枚をカメラマンが選べるから。

美しい曲。
それは数知れない楽器の音色から、その場所にすっと入る
もっとも斬新な音を作曲家が見つけ出せるから。

美しい文字。
それはいくつかある曲線のうち
もっともバランスが取れたフォルムをカリグラファーが発見できるから。

美しい演出。
それはテイクを重ね
もっとも独特に撮られたシーンを演出家が探し出し、編集できるから。

コーディネート、メイクアップ、料理の盛り付け、建築……。
これらすべての美しいアートと創造に通じるのは、クリエーターの審美眼。
それは、わずかな隙間から最高の美を探し出すセンスそのもの。
数えきれない試みと努力の末、ついに持つことを許されるこの審美眼を通して、
芸術家たちは誰もが感嘆する作品を創り出すことができるのだ。

埃だらけの倉庫の中からも
光り輝くたったひとつの原石を発見できる審美眼は、
その人だけが持ち得た美的感覚と計り知れない努力、ユニークな経験や、
自分を取り巻く人々とさまざまな環境によって育てられる。

新しく美しいものの消費に留まらず、クリエーターになりたいのなら、
まず失敗を恐れないチャレンジが必要だ。
そして日々の出来事に心を開き、見て、聞いて、感じよう。
その中で心惹かれ、インスピレーションを得るものに親しんでいれば、
あなたもきっと美しいものを発見する審美眼を育てていくことができるから。

問：次の図を 正方形 にしてください

答え①：

答え②：

あなたが考えついたのは答え①ですか？
欠けているところを埋めるのは、いちばん簡単で手軽な方法ですよね。
人間の本能とすら言えるかもしれません。
でも、もうちょっとじっくり想像力のエンジンをふかしてみてください。
そう、答え②のような大きい四角形にしちゃう方法が
頭に浮かんできませんか？

今度は頭の中に風船を思い浮かべてみてください。
それを膨らませてみましょう。
本当の風船ならある瞬間に割れてしまいますが、
想像上の風船は、地球より大きくすることだってできちゃいます。
さあ、限界を作らず、どんどん膨らませましょう。

もうおわかりですね？
欠けているところを埋めるだけでなく、
あるものをもっと大きくして新しい何かを
生み出すこともできるのです。

ポジティブな想像を広げること。
歩みを止めないこと。
人生を豊かに膨らませるのは、
このふたつ。

時間の正しい使い方

乾電池を交換すれば止まることなく動く時計
動かぬ真理のように東から昇る太陽
1年が過ぎればいとも簡単に壁にかけ替えられるカレンダー
これらは私たちを錯覚に陥れるものたちだ。

今日が過ぎれば明日が、
今年が過ぎれば来年が、
今この瞬間が過ぎれば次の瞬間がやってくるのが当たり前、という錯覚。
でも、ひょっとして忘れてる?
明日が、来年が、次の瞬間が来るとしても、
「私の明日」「私の来年」「私の次の瞬間」は
ある時点を境にやって来ないかもしれないってことを。

次の時間が訪れることは奇跡、という事実に片目をつぶって
機械的に繰り返され、想像通りに流れゆく日々の中で、
「私の時間は安全で無限」と思いがちだけど
上下逆さにすればリセットされる砂時計とは違って、
実際の時間は手のひらから砂のごとくこぼれ落ちる。

だから、どうしてもやりたくないことや、
怒りや後悔といった負の感情につながることに、
自分の時間を取られている場合ではないのだ。

回って回る…

また出てきたよん

8月の次は9月
9月の次は10月
10月の次は11月…
来年、再来年…

時間が無限だという錯覚に陥（おちい）れるものたち

固定観念に囚われた時間

実際の時間

「だったら、どうすれば時間を正しく使えるの?」
と途方に暮れてしまうなら、
お金の使い方を思い浮かべてみて。

ときどき衝動買いをすることはあっても、
必需品や自分へのご褒美のために
お金を計画的に使っているのでは?

時間だって同じようにすればいいだけ。
変化する自分を誇らしく思える規則的な運動や、
やりがいのある仕事、新たな学びが嬉しい趣味はもちろん、
ちょっとしたルーティンなどで本来の自分を見つけ、
なりたい姿を模索しよう。
やり過ごしてしまったら二度と戻ることのない時間を大切に使おう。

充実して過ごせた時間が積み重なって、
好きな自分に近づいていく。

人生の時間は限りあるもの。
だから今、この瞬間を限りなく楽しもう。

私と他人

意外と
みんな、私のことをよく見てる。
だから、
取り繕ってもすぐにバレちゃう。

でもね、
自分が思ってるほど
みんなが私に興味ないのも事実。
だから案外ありのままの自分でいけちゃう。

怒りの原因

昨日、上司があんなに怒ったのは、
もしかすると私の何かが原因なんじゃなくて、単に
上司の……ひどい不眠症、ピーナッツアレルギー、成長期に負ったトラウマ、
パッとしない役職、奥さんとの倦怠期、昨夜読んだ『怒りの美学』、人に
は言えないコンプレックス、ペットの子犬など、もはやありとあらゆる私が
知りようもない問題が原因なのかもしれない。

つまり、
昨日の上司の言動が不可解でも
全く不思議じゃないってこと。

だから、他人の言動に必要以上にがっかりしなくて大丈夫。
人間関係に光が見えないときは、
相手が、私とは関係のない別の問題を抱えているに違いない
――ピーナッツアレルギーとか、膨れ上がったローンの利息とか、奥さんの小言とか――
と考えてみるのはどう?

少しは気持ちが晴れるかも。:)

ぎこちなくても大丈夫

＊『+1cm たった1cmの差があなたの世界をがらりと変える』のスーパーモデルさん、カメオ出演ありがとうございます。

モデルさん*、
かんぺきです。
めちゃくちゃ
かっこいいです。

でも きんちょうして
ぎこちないクマくんが、
もっとすきです。

いい感じ！

自分に集中

飽きもせず他人の一挙手一投足に気を取られている人は、
自分を十分に愛していない確率大。
劣等感が高まると、自尊心は低められ、
他人の粗探しばかりしてしまうのだ。

ひどいときには、自分のほうが上だと虚勢を張りつつ、
未熟な部分がいつバレるかとビクビク。
好きなことを堂々と好きとも言えないで、
他人の悪事はカラスみたいに声を張って言いふらす。

人生というレースでもっとも重要なのは
人との戦いではなく、自分との戦い。
疑いや妬みに忙しく、
人の足を引っ張っていたら、
自分との戦いは二の次になってしまう。

幸せになりたい？
それなら他人を意識し、勝とうとするのはやめよう。
自分に集中し、自分を尊重し、愛そう。
他人を品定めのごとくチェックする態度も、
自分を大切にしている姿も、人にはよくわかるもの。

何よりも自分自身を愛してこそ、
誰かを愛する揺るがない心とゆとりを持てると知っておこう。

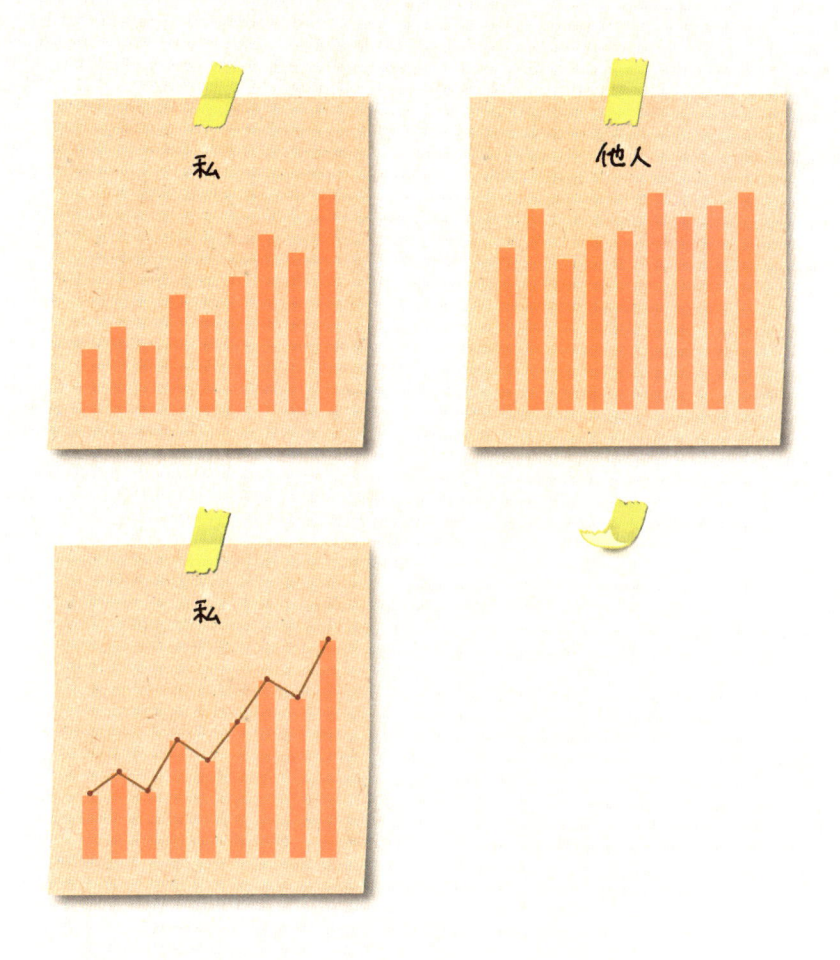

他人と比較しなければ、自分の成長グラフは見えてくる。

すぐに、タイミングよく、ゆっくりと

あなたの心に読んであげてください。

🍎 ごめん、はすぐに

おめでとう、はスピーディーに 🎉

✉️ 元気？はタイムリーに

恩返しは遅れても忘れずに 🌷

⚙️ 誤解を解くのはゆっくりと

復讐はあの世に行ってから 💣

そして愛は永遠に ❤️

もう傷つかない

大切じゃない人に傷つけられるのはもうおしまい。
大切な人たちに愛されているのだと知ってさえいれば、それで十分。

顔見知り程度の職場の同僚に悪口を言われても、
気の置けない昔ながらの友達に支えられている。

通りすがりの人があなたを押しのけて無言で行ってしまっても、
あなたを温かく抱きしめてくれる家族がいる。

初対面の人に冷たくあしらわれても、
あなたがどんな気分でいても、
いつだって受け止めてくれる恋人がいて、

ライバルや他の誰かがあなたの能力を妬み、
あなたを勝手に評価し、あなたの気をくじいても、
ありのままのあなたを信じ、愛してくれる人たちがいる。

あなたをよく知る大切な人たちから受ける愛と
あなたをよく知りもしない、どうでもいい人たちから受ける傷。
軽いのはどっち？

だから
傷はふわふわ飛ばして
胸には愛だけを残そう。

この世で高みを目指すなら、
人を踏みつけてのし上がる方法もあるけれど
自分をとことん軽くする方法もある。

最初の方法は、人との争いが避けられないけれど、
ふたつ目の方法は自ら修行を積めば到達できる。

強強弱弱と強弱弱強

1.「強強弱弱」*の美しさ

厳しい口調
強烈なカリスマ性
一寸の誤差も許さない毅然とした態度
他人の行動を支配下に置き、自分の意見を貫く推進力。

これらが強者を作る、
と思われがちだけれど……。

ソフトな口調
つらい状況で見せる余裕
相手によって変わらない自然な配慮
他人の間違いを許す寛容さと
責任を取る準備ができているリーダーシップ
相手の言葉に耳を傾け、成果を共に分かち合う心。

強者を作るのは、実は
優しさあふれる心だった。

クマくん VS...

*「強者には強く、弱者には弱い」という意味の新しい造語。その反対の言葉は「強弱弱強」。

やわらかい土が何層にも固められ
時を越えて頑丈な地盤を形成するように、
やわらかなものが内面に積み重なって
真に強固な人を作る。

強いふりをする者には、人は心理的に安心する距離を置くけれど、
真の強者には、ためらうことなく近づける。

2.「強弱弱強」の落とし穴

いちばん弱い者にどう接するか、ここで本性がバレる。

しかも弱者に強く出る卑劣な人は、よく
真の強者と弱者を取り違えるという痛恨のミスを犯すのだ。
そのせいで窮地に追い込まれることも
ちょくちょくあるけれど、
まあ、それは自業自得ということで。

…普通のクマ

About Me

「今日の運勢」より今日のあなたを正確に言い当てられるのは、
昨日のあなた。

占い師より未来を正確に予見してくれるのは、
あなたが昔から抱いている夢。

星占いより正確にあなたを語ってくれるのは、
ひとりでいるときの自分。

あなたの昨日やあなたが抱く夢、孤独を楽しむ方法が、
あなた自身、あなたの今日、または明日について教えてくれる。
生年月日による統計が弾き出す確率や
何億光年離れている星の配列よりも、遥かに正確に。

もし今、あなたが退屈だったり、
落ち込んでいたり、悩んでいたりするのなら、
「今日の運勢」に並べ立てられた希望あふれる言葉や
自分にもあてはまりそうな言葉に頼りたくなるかもしれない。

それで少しでも元気になって気分がよくなるなら、
肩の荷を下ろせるなら、それでもいい。

でも、これだけは忘れないでいて。
なんとなく耳当たりのいい言葉には示されないあなたの望む道、
そしてその道へと向かう方法は、
あなた自身でしか見つけられないということを。

あなたのいちばんの理解者は、
誰がなんと言っても、やっぱりあなた自身なのだから。

感情の家系図

幸福と不幸にまつわる感情の数々。
頭の中で確かに別々に存在するこれらの感情は、
心の中で常に混沌としている。

幸福の片隅に不安が隠れていることも、
不安が情熱の原動力になることも、
情熱が強すぎて挫折することもある。

だから、無理やり不幸を避けようとしたり
幸福だけを追い求めたりしなくていい。
不幸だけ、幸福だけの人生なんてありえないから。
幸福が少し大きければ、それで十分。
不幸だけの日々が続くことも絶対ないから
恐れや絶望だけを強く感じたりしなくていい。

予想外にあふれ出す感情や気分をうまく扱えれば、
望み通りの人生設計図を描くことだってできる。
負の感情がメラメラ燃えあがってきても自然に鎮まるものと知っていれば、
焦って言動に移さず、焚き火のようにじっと眺めていられる。

大事なのは、どんな状況に置かれても、
あなたが感情に操られるのではなく
あなた自身が感情を操るのだということ。

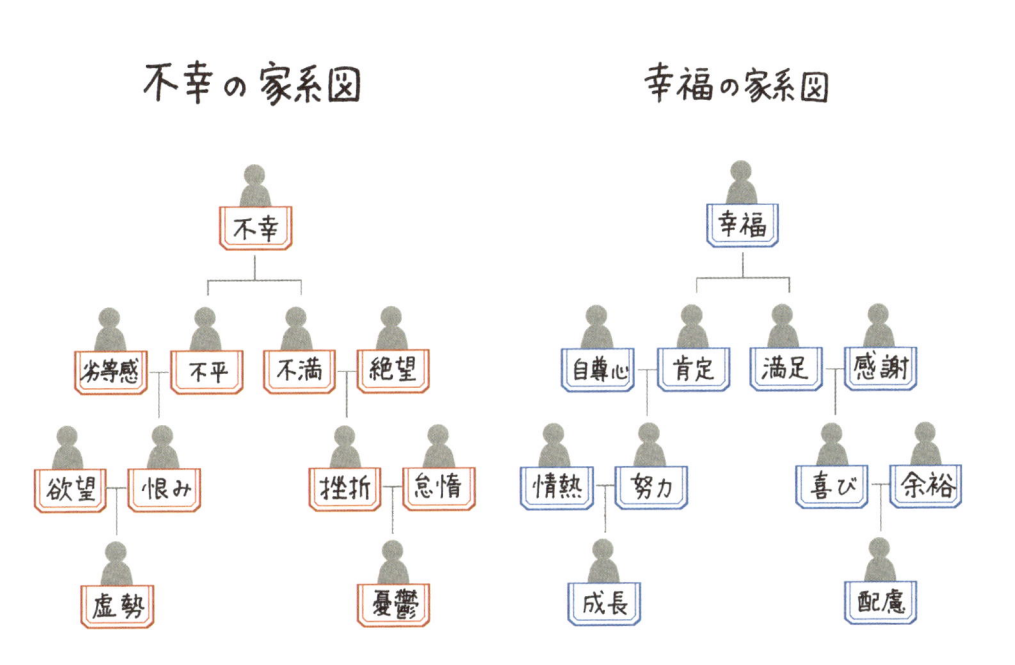

不幸の家系図

幸福の家系図

日々うまくいかなくて幸福の感情を素通りし、
不幸の感情にだけ、ただ引きずり込まれてしまうときは、
どうか思い出してほしい。

今あなたが感じているのは
自分で名前をつけた感情だということを。
その感情は決してひとつではなく、
複雑に絡み合っているということを。

そして私たちは、常に混沌とした感情を抱きながら、
生きていく存在なのだということを。

現実の心模様

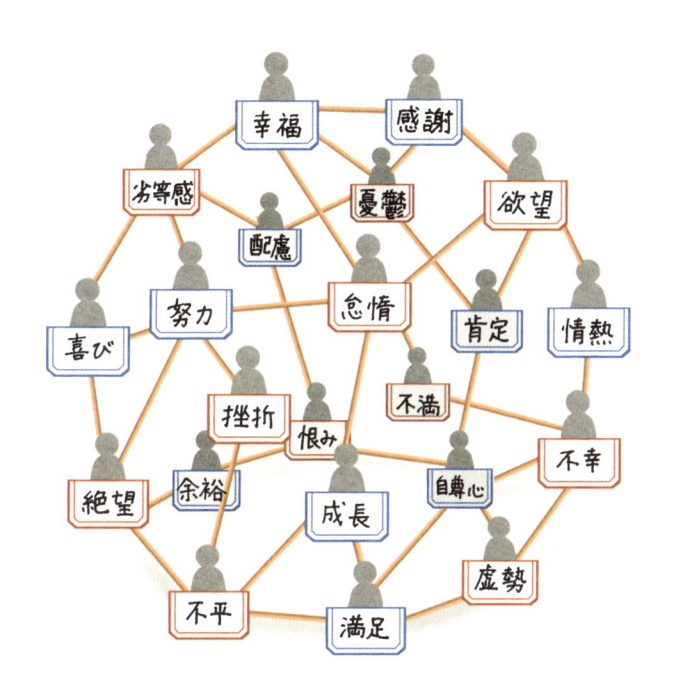

E.T. の正体

あなたが今日傷ついた理由は、当然

タクシー運転手は親切だ
友達は忙しくても悩みを聞いてくれる
お隣の子犬は私に噛みつかない
挨拶は返ってくる
噂の名店の料理は美味しい
SNS のリプはすぐに来る
思い切って謝れば、許される

と思っているからだ。
これは危ない。

あなたの常識は
誰かとは違うかもしれないし、
期待は裏切られるかもしれない。

あなたの知っている世界は
実は知らない世界かもしれないし、
E.T. は地球人の友達じゃないかもしれない。

世界は広く、人は多様。
しかも、やることは山積み。
いちいち傷ついてなんかいられない。

心の秤

心にも秤があって、
ときどき
目盛りをチェックしないといけません。

「情熱」が重すぎて→　「欲望」を指していないか
「愛」が重すぎて→　「執着」を指していないか
「自信」が重すぎて→　「自惚れ」を指していないか
「ゆとり」が重すぎて→　「怠惰」を指していないか
「わがまま」が重すぎて→　「言い訳」を指していないか
「悲しみ」が重すぎて→　「憂鬱」を指していないか
「主観」が重すぎて→　「独善」を指していないか
「恐れ」が重すぎて→　「諦め」を指していないか

心が少し重くなったと感じるときは、
心の秤をのぞいてみましょう。

心にもダイエットが必要です。

水金地火木土天海 ---------- 冥

冥王星が太陽系から除外されたとき*
大勢の人が驚き、残念がったけれど、
実際に冥王星が受けた打撃はゼロだった。

あなたと無関係の人たちに
ああだこうだと言われたら、
どんな態度をとるべきか。

冥王星から学べます。

＊2006年8月、国際天文学連合（IAU）において冥王星は恒星ではないと発表された。
冥王星は米国人──天文学者クライド・トンボ──が発見した唯一の恒星だったため米国は強く反対したが、冥王星は月の3
分の2の大きさしかなく、他の恒星と異なり楕円形に公転するなどの理由で太陽系の恒星から除外されることとなった。その後
「冥王星型天体（プルートイド）」に分類されたが、冥王星はこの一件に全く我関せずである。

水 金 地 火 木 土 天 海 冥

「冥王星の太陽系除外」以前の宇宙

「冥王星の太陽系除外」以降の宇宙

孤独な問い

生きていると孤独な問いが待ち受ける。
誰にも訊けない
自分で答えを絞り出すしかない
宇宙にひとりぼっちみたいに感じる、そんな問い。

この人を本当に愛してる？
この仕事を10年後もしていたい？
どっちの道に進むべき？
今歩いている人生の方向は正しい？
毎日楽しくない理由は？

孤独な問いに向き合うと
悩み
眠れず
食欲が落ち
過敏になる。

でも、
それがすべてではない。

孤独な問いのおかげで
答えを求め
夢を叶え
自分を探し求め、
より強くなれる。

孤独な問いに真摯に向き合えば、
人生の答えを知っているふりをして、道に迷い込んでしまうことはない。
しっかりと進みたい方向に一歩を踏み出せるようになる。

灯台は孤独だ。
でも道を照らしてくれる。

孤独な問いもそれと同じ。

心のカーテン

誰でも心にカーテンがある。
そのカーテンを閉めきって
だらだらテレビを見たり
ネットショッピングに明け暮れたり
甘いケーキやラーメンのような間食をしたり
ゲームにハマったり。

一見すると趣味に似ている。
でも、心のカーテンを閉めるのは苦しみから逃れたいから。
消費メインで、思考を巡らせることもなく
テレビのリモコンを押すみたいに、すぐ始められるようなものばかり。
カーテンを閉めるみたいに簡単だ。

カーテンを閉めてしまえば、
心の片隅にある悩みや問題はいっとき隠され
あたかもそこから抜け出せたように感じるかもしれない。
でもやっかいなのは、
カーテンを閉めた部屋で過ごす時間が長引くほど
悩みや問題に向き合う勇気がなくなり
不安だけが募ってしまうこと。

とはいえ心のカーテンにはいい点もある。
それは現実から目を背けられること。
おかげで少しは冷静に、理性的になれるのだ。

ただ、その時間は少しで十分。
やっぱり勇気を出して、
カーテンを開けないと。

今、あまり意味なく時間を使い続けているなら
それは心のカーテンが閉まっているせいでは?

その先に、解決しなければならないもやもや、あるいは憂鬱な気持ちが
心を占めていないか、一度疑ってみて。

図星だとしたら
勇気を出して心のカーテンを開き、太陽の光を入れるのはどう?
縮こまった体や心を動かし、隅々まで大掃除を始めてみよう。

大掃除は大変で面倒だけど、
ホコリみたいな心配のタネと
ずっと捨てられなかった悩みのタネを
きれいさっぱり仕分けして、はたき出してしまおう。
カーテンなんかいらない、
太陽の陽射しいっぱいで気持ちのいい部屋の完成だ。

そんな快適な空間でなら、
テレビやネットショッピング、間食やゲームより、
ずっと意味や価値のあることが繰り広げられること間違いなし。

心にバオバブの木を植えないで

恨みや憎しみの感情は、やがて
あなた自身の心の奥深くに
根を張ることになる。

結局、平静さを失い
枯れていくのは
憎い相手ではなく、
相手を憎む
あなたの心根のほうなのだ。

LET YOUR HEART
BREATHE

ありのままの美^{ME}

イメージアップに躍起にならず
ありのままの自分を見せる。

ダイエットの代わりに
好きな料理を堪能する。

アンチエイジングはやめて
チャーミングな笑いじわを作る。

資格集めはほどほどに
一生記憶に残る思い出を積み上げる。

体裁だけを気にして生きてきたみなさん、
自然体で生きてみましょう。
年齢にかかわらず人生が楽しくなり、
美しくいられます。

ポジティブ理論

1.
いいことを期待して、いいことがあったとき
いいことを期待して、悪いことがあったとき

2.
悪いことを予想して、いいことがあったとき
悪いことを予想して、悪いことがあったとき

このうち、気分がよかった回数は？
1番の場合、ぜんぶで3回。
2番の場合、たったの1回。
そしてポジティブ理論で言えば、1番は「常識」！

とはいえ……。
「いいことを期待して悪いことが起きたら、がっかりしちゃう」
「悪いことを予想していれば、的中しても大してショックじゃない」

こんな言い分もわからなくはないけれど、

いいことを期待するときのワクワク感を
みすみす失っているんじゃない？

悲しい日を構成するもの 『+1cm IDEA』より

たとえば失恋から6日目の週末……。

08:00	起床
08:00~10:20	深い悲しみ
10:20~10:25	おちゃめな子犬にふと和む
10:25~10:40	深い悲しみ
10:40~11:00	友達とのランチに出かける準備
11:00~11:40	約束の場所に向かうバスの中で悲しくなる
11:40~11:50	ショーウインドウの素敵な服に一目惚れ
11:50~14:30	友達とおしゃべりの最中、また悲しみに襲われる
14:30~15:10	帰りのバスの中で突然こぼれる涙
15:10~15:15	窓に映った顔は悲しげなのに意外とかわいい
15:15~15:40	ママが買ってきた神々しいチキンとの出会い
15:40~18:00	チキンでお腹いっぱいなのに悲しい

18:00~19:30	バラエティ番組を観て、ついクスッと笑う
19:30~20:30	悲しみあふれる晩ご飯
20:30~21:00	子犬と散歩、輝く星と涼風が心地よい
21:00~23:00	なんとなく彼の写真を見てまた悲しさ爆発
23:00~00:00	好きな音楽に癒やされる
00:00~01:30	ベッドに入ると悲しくて寝返りばかり
01:30~02:00	（レム睡眠）夢は悲しくない
02:00~07:30	深く穏やかな眠り

悲しい日には、悲しくない時間もある。

短くても、そんな瞬間があるから
悲しみを乗り越える力が得られる。
そう、いつかは乗り越えられる。

憎しみから抜け出す方法

あなたを苦しめている人だって、
きっと何かに苦しめられている。
（もしかしたらあなた以上に苦しいのかもしれない）

だから自分だけが苦しめられて悔しい、なんて思わなくていい。

慰めの材料

To. Me

みんなが慰めてくれるのは、
今私が泣いてるからじゃなくて
今まで私が見せた笑顔のおかげ。

つらいとき、私を救ってくれるのは、
結局、これまでの私なのかもしれない。

From. Me

昨日の僕が、今日の僕をハグするよ。

これは内緒なんだけど
（秘密についてのちょっとした考察）

1.

ネットショップのパスワードを設定するときは
アルファベットと数字の複雑な組み合わせで
個人情報を徹底的に守るのに、
秘密を漏らすときは
「これは内緒なんだけど」というありふれた単語の組み合わせで
流出のリスクを回避したと錯覚。
秘密は守られたと根拠のない自信を持つ。

でも「内緒なんだけど」と口にした途端
秘密は「秘密」の効力を失い、
ただ冒頭が「内緒なんだけど」で始まる
噂になってしまう。

2.

国を揺るがしかねない出生の秘密が
結末に明かされる韓国ドラマ。
現実では秘密はすぐに漏れるから、
最終回まで、まずもたない。

人間は秘密をばらしたい本能を持つ動物だ。
そして、なぜか秘密をばらす相手を
無条件に信頼する。

3.
秘密とは、二人の間の「約束」。
でも軽視され、見過ごされがちなことがある。
「秘密を守る」「秘密が暴露される」ことが
相手の記憶力にかかっていて、
相手が信頼できるかの問題ではないということ。

いくら口が固く
信頼できる人でも、
記憶力は万全ではない。
秘密の「内容」は覚えていても、
「内緒だよ」という大事な言葉を
うっかり忘れる場合もある。

だから
ひた隠しにする秘密が、
「お尻の右側に3cmのホクロがあるの」といった
バレても笑い飛ばせそうなものならまだしも、
あなた自身、または他の誰かに
致命的な傷を残す種類のものならば
まず自問自答してみて。

秘密をばらしたい欲求 ＞ 秘密が漏れたときのリスク

なのかどうかを。

リスクを冒してでも欲求を満たしたいなら
秘密を共有しても構わない。
その場合は、さっきの1番に戻って
「内緒なんだけど」と口にした途端、
秘密は「秘密」の効力を失い、
ただ冒頭が「内緒なんだけど」で始まる
噂になってしまうけれど、それでもいい？

内緒なんだけど…
僕の瞳は
つぶらで…

世界は私の力でもっとよくなる 『+1cm LIFE』より

1年が 365 日あるのは
私たちに 365 回、機会を与えるため。
毎日太陽が昇るのは
私たちに毎日新しい力をみなぎらせるため。

何かできると思うなら
その気持ちを信じよう。
そして 365 回の機会と
毎日与えられる新しい力を生かそう。
自分の気持ちを信じ、思いのままに行動するなら
最終的には自分だけでなく世界だって動かせるはず。

誰かのために何かできると信じ
自分の力でよくなる世の中を見届けられるなら
それは人生でいちばん意味がある。

自分の才能、自分の性格、自分の置かれた状況。
このすべてに理由がある。
その理由を見つけ出し
その理由を念頭に置き、
その理由に従い行動しよう。

✈ 1cm AIR TICKET　　　　　　　　　FIRST CLASS

 Me ------> LOVING

お互いに、あと1cm近づいて

| TIME | GATE | NEXT |
| NOW | 4 | RELAXING |

時間の引き算 『+1cm LIFE』より

思い出から感情を引くと

記憶になる。

愛という名の生き物。

ふたつの頭、
4本の足、
そしてハートはひとつ。

二人でできることリスト

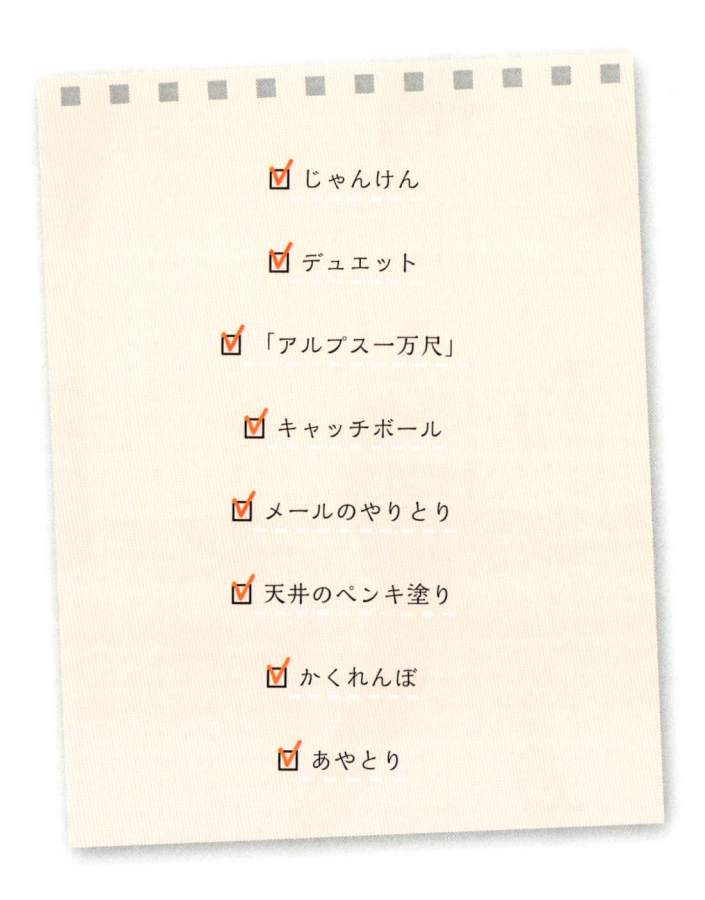

☑ じゃんけん

☑ デュエット

☑ 「アルプス一万尺」

☑ キャッチボール

☑ メールのやりとり

☑ 天井のペンキ塗り

☑ かくれんぼ

☑ あやとり

……

たくさんあるけれど、

二人だからできる、いちばん美しいことは

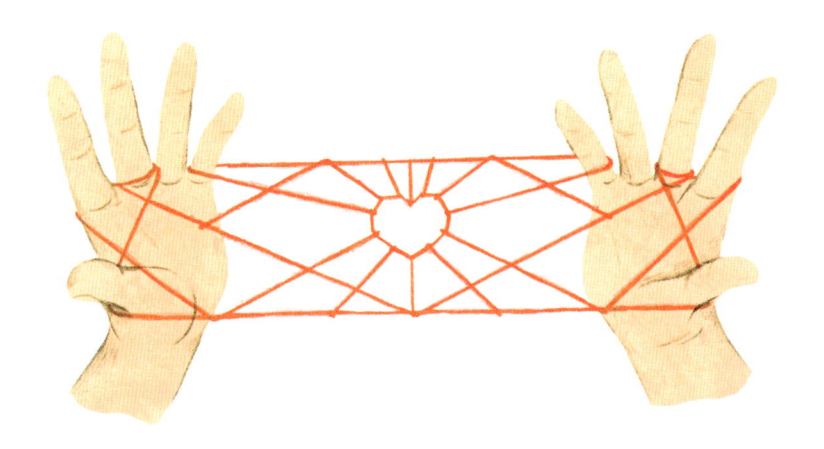

☑ 愛すること

発見

寒い冬が苦手なら
熱々うどんやたい焼きみたいな好きな食べ物を探そう。

ジョギングが苦手なら
走りながら聞くとノリノリになれる音楽を探そう。

野菜が苦手なら
とびきり美味しいドレッシングを探そう。

あの人を苦手だと思うなら
いいところを探そう。

苦手だと思うのは、
隠されたストーリーや姿、本当の魅力を
まだ発見できていないから。

「好き」が「苦手」になることもあれば、
「苦手」が「好き」にもなり得る。

発見してみよう、新たな一面を。
苦手なものや人にも、
きっと「好き」な何かが隠れている。

熱々うどん　たい焼き　　　好き

ジョギンク　苦手

野菜　苦手

あの人　

好き

BY クマくん

シロクマちゃん
見つけた♥

心の不正利用禁止

恐怖心をあおって、占う。

虚栄心を利用して、ブランド品を売りつける。

信用させて、詐欺を働く。

もっと最低なのは

「好き」という純真な恋心を利用する、男または女。

Don't take advantage OF LOVE

真実濃縮３％

嘘には、若干の真実が紛れている。
そのせいで真実だ、嘘だ、と言い分はバラバラ。

たとえば、浮気者の
「君を愛してる」という言葉には
「君を愛してる」という真実に
「君だけを愛している」という嘘が
溶け込んでいる。

でも……
真実に紛れた嘘はもちろん嘘で、
嘘が混ざった真実もやっぱり嘘。

真実はオレンジジュースではない。
オレンジ果汁3％はオレンジジュースだけど、
真実濃縮3％、いや真実濃縮30％でも
真実にはなり得ない。

ペットを大切にしてください

かわいがられる犬や猫。
虐待される犬や猫。
確かに差は歴然。

でもそれは
かわいいとか、愛嬌がないとか
従順だとか、神経質だとか
めずらしいとか、よく見かけるとか
血統書付きだとか、雑種だとか
物分かりがいいとか、
ちょっとおばかさんとか、そういう類の
差ではありません。

「どんな飼い主に出会えたか」
ただそれだけの違いなのです。

乙女ごころ

ひどくなった角栓や目のクマは
1日中、乙女ごころを凹ませる。

だからいくら彼女がブルーでも
あなたのせいじゃないから
心配しすぎないで。

でも、もし少しでも
心当たりがあるなら
気楽に構えすぎないで。

じゃあ一体どうすればいいかって？
簡単なこと。
彼女をそっと抱きしめてあげて。

ブルーな理由が
隠したい角栓や目のクマと関係ないなら、
「実はね」と、すぐにでも悩みを打ち明けてくれるはず。

ブルーな理由が
本当に隠したい角栓や目のクマだったら、
抱きしめてくれるあなたさえいれば「もう平気」って思えるはず。

みんなが
パンダみたいだ、って
いうの…

クマがあっても
大好きだよ

僕はひとりぼっち

空が晴れても心は暗い。
花が咲いてもなんの感動もない。
人生はなんの意味もなくただ過ぎていく。

ただ息をして生きているだけの日々。
単なる一瞬、一瞬。

いつからだった？
そう、僕はずっとひとりぼっち。

寂しい僕
愛など忘れてしまった僕

周りのささやきさえ聞こえない。
寂しさ、憂鬱、そして悲しみが板につく。

もうかつての僕はどこにもいない。

WHAT I NEED IS…

マンガ

音楽プレーヤー

一人用炊飯器

ゲーム

ソファーベッド

腕まくら

ルームメイトの猫

孤独の涙をぬぐうティッシュ

◀ 折り曲げてください

・・・なんかじゃない

もう慣れっこになっていた。
僕とは関係ないってだけ。
そんなあるとき、何かが変わった。

その1日1日が大切になった。
もう、やり過ごすことなんてできない。

おそらく君に出会った瞬間からのはず。
これからは君とずっと一緒。

は、ここにはもういない。
を、また引っ張り出して、この愛の主人公になる。

聞こえるのは君の優しい声だけ。
そんなふうに言う僕だったけど、

WHAT I NEED IS...

YOU!

思い出はドアノブではない。握りしめないで。
未練は見られたくない落書きではない。しっかり消して。
彼女は落し物ではない。探し続けないで。

よりを戻せないとわかっているなら、
少しずつ落ち着きを見せる心を、
そっと見守ってあげよう。

恋愛進行中の主人公は、確かにあなたでした。
でも愛が終焉を迎えたのなら、どうぞ観客席へ。

性格診断カレンダー

想像力豊かなタイプ：

陽射しが暖かく降り注ぐ日、雨降りで心沈む日、雨上がりの爽快な日、
わけもなく落ち込む日、なぜか気分のいい日、
鏡の中の自分がかわいく見える日、自分の見た目に自信がなくなる日、
誰かに会いたい日、ひとりでいたい日。

秩序を大事にするタイプ：

野球中継がある日、
野球中継がない日、
野球中継の翌日。

難しい質問

「この間着てたワンピース覚えてる？」

「どっちがかわいい？」

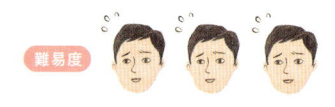

「今日はなんの日でしょう？」

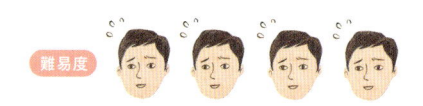

「私、どこが変わったと思う？」

男性陣のみなさん、お気をつけて。
上記のような質問が飛んできたら
めまいや頭痛が引き起こされる可能性があります。

どっちが
かわいいかな？

「安いという理由で買いためたものたち」

「高くて手が出ないバッグ」

ショッピングの皮肉

配送料 300 円が惜しくて、2000 円の T シャツを追加。

安いものはできるだけ安く買おうとするのに、
高価なものは衝動買い。

セールで買うと、節約できた気分。

ブランドバッグひとつ分以上に、
安物の服を大量買い。

これが最後の買い物じゃないとわかってるくせに、
「これが最後」と心に誓う。

わかっているのに、やめられない。
どこまでも続くよ
ショッピングのアイロニー♫

愛の接続詞 『+1cm IDEA』より

「愛してる」という言葉の前には、ときに
相反するふたつの接続詞が置かれる。

So と But.

ひたすらあなたしか目に入らない

"So,I love you" は
だから、あなたが好き

とろけるほど甘く

わたしのすべてを受け入れてくれる

"But,I love you" は
やっぱり、あなたが好き

胸にじんときちゃう。

ゾウを例にたとえると

ゾウがノアの方舟に乗ることができたのは、
曲芸を披露できたからではなく
ひとえにゾウだったから。

私があなたと恋に落ちたのは、
何か特技があるからではなく
ひとえにあなただったから。

ゾウが永遠にゾウであるように
どんな条件や状況下でも、あなたはあなた。
そしてゾウが絶滅しなかったように
あなたに向けられる
私の愛も不滅。

プチアドバイス

空腹のときに買い物はしない。
夕飯後すぐには泳がない。
夜中に書いた手紙は送らない。
腹が立ったときは運転しない。

そして
去る者は決して追わない。

別れをサポートする　　　特許出願未定
EASY - BYE JACKET

1. なかなか別れられないとき

2. ファスナーを開くだけで

3. スッキリ サッパリ別れの完了

恋愛できない理由

彼と恋に落ちなかった。
ちょっと年上。ファッションが気に入らない。
すぐ浮気するらしい。背が低すぎる。滑舌が悪い。

彼と恋に落ちた。
ちょっと年上だけど。ファッションが気に入らないけど。
すぐ浮気するって聞いたけど。背が低いけど。滑舌が悪いけど。

誰かにとって恋できない理由も、
誰かにとっては恋の邪魔にならないこともある。

もしも今、あなたが恋愛していないなら、
それはきっと、まだチャンスが訪れていないだけ。
あなたの短所を飛び越えて、
長所だけを愛おしく思ってくれる誰かに
まだ出会えていないだけってこと。

恋愛にもチャンスが必要。

ハリネズミにも
柔らかい場所がある

この宇宙に、ひとりっきり。
……という言葉はとても寂しい。

この宇宙に、ふたりっきり。
……という言葉はロマンチック。

数学者もうすうす気づいているのでは？
「1」と「2」の間には
はかり知れない
大きな違いがあるってことに。

次の条件を満たす人は？

おでこの右側にホクロがある。
くしゃみが一風変わっている。
笑うと左の口角が上がる。
食事中は無我の境地。
週末は2時まで寝ていたい。
本を途中から読む癖がある。
マンガというマンガは読み尽くしている。
猫より犬派。
いつか息子ができたら腕相撲をすると決めている。
音楽の好みはつかみどころがない。
寒すぎる日でも、
手をつないで外に出かけたがる。

この条件をぜんぶ満たす人は、
あの人だけ。

愛は別名、
「代替不可能」。

動物界と人間界——オス編

動物界のオスは
こんなときに虚勢を張ります。

・敵に強く見られたいとき
・メスに魅力的と思われたいとき

人間界の男性はこんなときに虚勢を張ります。

・ライバルに強く見せたいとき
・女性に魅力的と思われたいとき
・実力ある後輩が一気にのし上がってくるとき
・仕事で能力をアピールしたいとき
・失敗しても弱音を吐きたくないとき
・緊張しても堂々としていたいとき
・疲れた自分を家族に悟られたくないとき
それ以外の129のケースで。

人間界で、
男性陣に疲労回復ドリンクがよく売れるのには
理由がちゃんとあるのです。

女性のみなさん、
彼を優しくねぎらってあげてください。

Man's Daily Routine

Woman's Daily Look

動物界と人間界——メス編

動物界のメスは
こんなときにたくましくなります。

・獲物をしとめるとき
・敵から子を守るとき

人間界の女性は
こんなときにたくましくなります。

・仕事と育児を両立するとき
・実力ある後輩が一気にのし上がってくるとき
・仕事で能力をアピールしたいとき
・具合が悪くてもそれを悟られたくないとき
・死ぬほど忙しいのに家族の世話をするとき
・正月の準備で疲れた顔を見せたくないとき
それ以外の 129 のケースで。

人間界で、
女性陣に疲労回復ドリンクがよく売れるのにも
やっぱり理由があるのです。

男性のみなさん、
彼女を温かく抱きしめてあげてください。

傘を開くタイミング

雨がポツポツ。
ちらほら傘を開き始める。

雨粒が顔に数滴当たっただけで、すぐ傘を開く人。
雨足が少し強くなって、カバンから傘を取り出す人、
服が濡れ始めて、ようやく傘を広げる人。

人々が刺激に反応するのもそれに似ている。
同じ刺激でも
無関心な人、
少し反応する人、
過剰に嫌がる人、
感じ方は人それぞれ。

たとえば、注射針。
子供は大泣きし
大人はぐっとこらえる。
それは子供が大げさだからではなくて
刺激を大きく感じやすいから。

そして誰もが内心わかっているはず。
大人にも、子供のような面があるのだと。

だから、つらそうにしている人を見て
「大げさね。それほどじゃないでしょう」
と考えるのは、
大人が注射を嫌がる子供に
「大したことないんだから我慢しなさい」と言うようなもの。
つまり「ポツポツ程度の雨に傘はいらない」という考え方は、
相手への配慮に欠けているということ。

だから、もし相手に子供のような面が見え隠れしたら、
そっと抱きしめてあげよう。

そうやって
お互いに想い合って生きていこう。
雨が降る日、相合い傘をさすように。

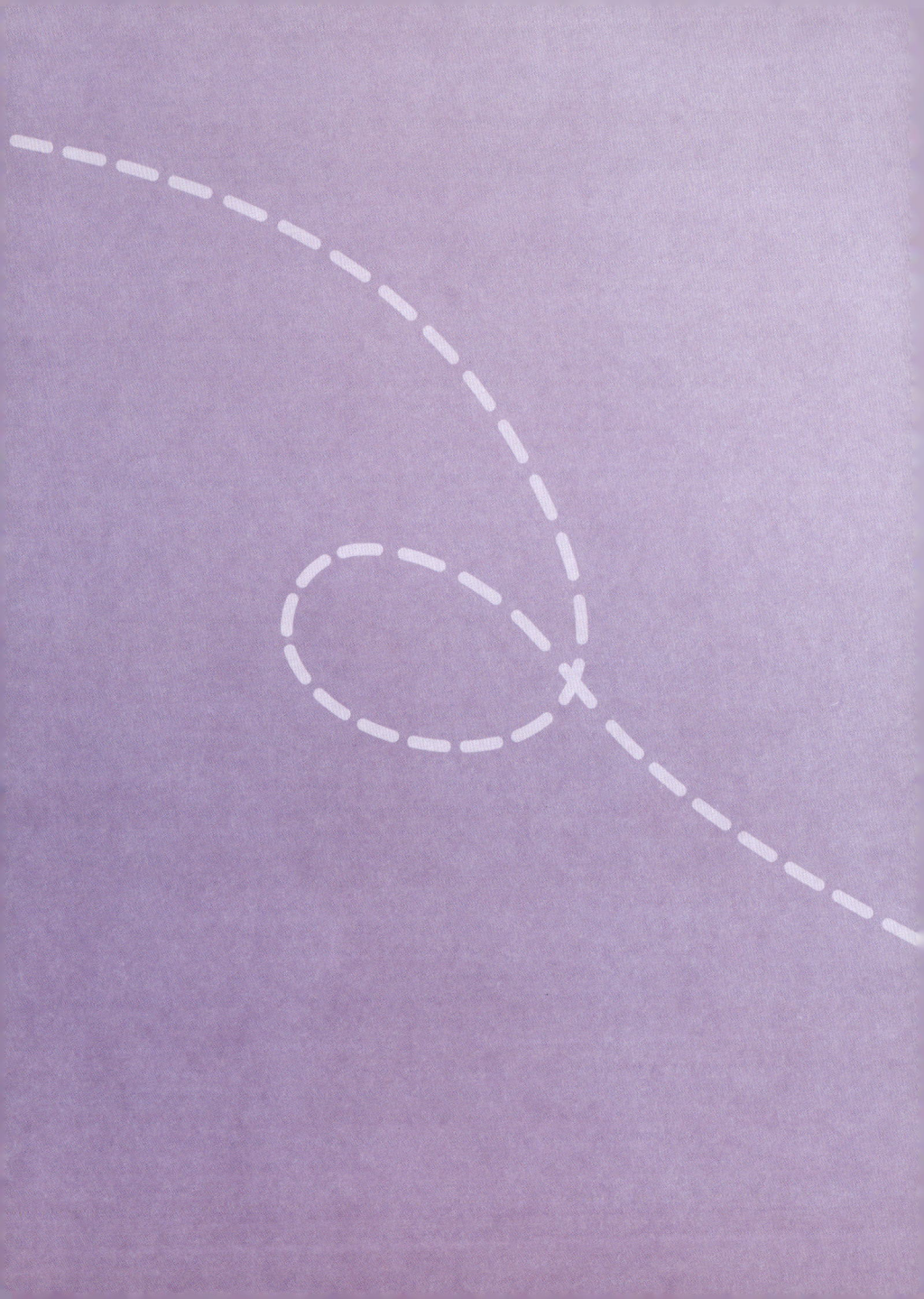

✈ **1cm AIR TICKET**　　　　　　**FIRST CLASS**

🎧 Me ------→ **RELAXING**

完璧な日にも+1cmの余裕を

TIME	GATE	NEXT
NOW	**5**	**DREAMING**

眠りへの誘い

クラシック音楽を聴いたり
好きな本を読んだりしながら
うとうとしちゃうのはちっとも不思議じゃない。

心にいいものは
自然と体もほぐしてくれるから。

愛する人やペットといると、
つい、まったりしてしまうのも
同じ理由。

週に一度、花壇に水やりは欠かさないのに、
どうして好きな人には
「愛してる」ってうまく言えないんだろう？

花壇より恋人の方が大切で、
水やりよりもずっと簡単な一言なのに。

「こんなサボテン育てているの」なんて
遠まわしな表現は
もうやめよう。

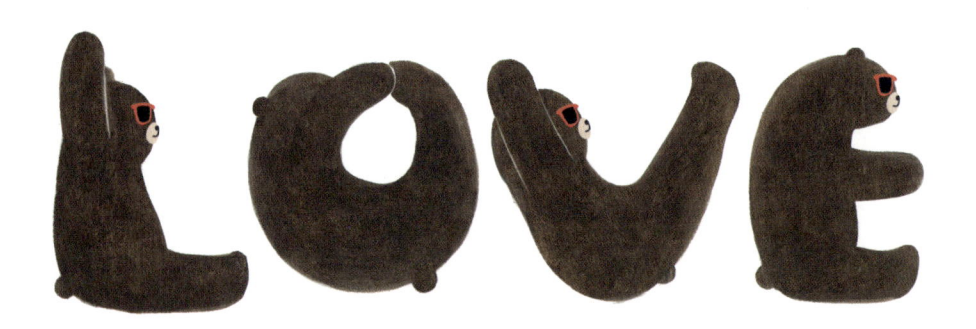

終わらない仕事 + 新しい仕事 = 過労

私という宇宙を見失わないこと

粗大ごみを出し忘れる
財布を落とす
恋人に振られる
パスポートを失くす
三日も徹夜して書き上げた履歴書を間違って削除する

こういう事態にはすぐ気づく。

ジョークを飛ばせなくなる
ピュアな心を失くす
人生への好奇心を失う
信じる心を失う
近くにいる人の大切さを忘れる
好きな自分の姿を見失う

こういうことにはなかなか気づかない。

失くしたときすぐに気づくものより、
失くしたかどうかなかなか気づかないもののほうが
人生においてずっと重要。
決して失ってはいけないものかもしれない。

だからときどき
うっかり大切なものを失っていないか
右のリストでチェックしてみて！

Lost & Found List

		LOST	FOUND
Smile		☐	☐
Belief in god		☐	☐
Curiosity		☐	☐
Sense of humor	Ha Ha	☐	☐
Purity		☐	☐
Composure		☐	☐
Passion for life		☐	☐

鏡をきちんと見ていないあなた 『+1cm IDEA』より

あなたの魅力に、
あなただけが気づいていないのかもしれません。

ご主人様！
もっとカリカリ
ちょうだいよ〜

ロトの1等と2等に同時に当選し、
その翌週、宝くじにまた当選する。
ベランダの窓から入ってきたハトが
ダイヤの指輪を落としていく。
庭を掘り返したら国宝級の李朝白磁を発見し、
同じ日、裏庭で高麗青磁が見つかる。
恋人がお祝いに 30.5m のリムジンとホテルを貸切ってくれる。
米国大統領直筆の手紙が舞い込み、ディナーの招待を受ける。
新星を発見し、科学雑誌と新聞に大きく取り上げられる。
つい最近拾った猫は言葉を喋り、
マスコミ各社のスポットライトを浴びて有名になる。

……なんてことは
人生でどれほど頻繁に起こり得る?

一生に一度起こるかどうかの奇跡を心待ちに
普段は笑わない、喜ばない、感動しないと
決めこんでいるそこのあなた。
些細なことにもワハハと笑ったり
胸をジーンとさせたり、
たまにはうんとハメ外しちゃうのを
オススメします。

話す猫は
初めて?

月曜日の断末魔

God,
~~Good~~ morning!

（ひぇぇ、朝だぁ！）

泥棒より不幸せ !?

心配ごとはさようなら。
今、この瞬間、地球には
パスタとあなたと私だけ…

パスタを食べながら
テンジャンチゲを食べたいと思い

この男性に会っていながら
あの男性に会いたくなり

歌を覚えながら
下手なダンスに悩み

山に遊びに来ていながら
海を見たくなるなら

泥棒より不幸せかも？

だって
少なくとも泥棒は
盗みを働きながら次の盗みのことを
考えたりしないでしょ。

(　　　　)

Special Pages

このページを
太陽の光に当ててください。
10分間当て続けると
文字が現れます。

さあ、外で太陽の光を十分に当ててみましたか？
あるいは「あとでやってみよう」とページをめくりましたか？
はたまた、気づいていました？

はい、その通り。
「読者ドッキリ企画」でした。

せっかくなので、新鮮な空気を取り込みましょう。
太陽光は気分転換とビタミンDの合成に効果的。
重たくなった肩を楽にし、
こわばった顔をゆるめ、
気持ちよくお日さまの下で深呼吸。
空を仰ぎ、木々を眺め、
人間ウォッチングもいいですね。

ひとつの鍵穴、いくつもの鍵 ^{『+1cm LIFE』より}

人生に鍵穴はひとつでも、
鍵はいくつだってある。

たとえば
"憂鬱な気分"というドアを開けられる鍵は

1ℓの水、あるいは1㎖の涙
ペッパートーンズの "Ready, Get Set, Go!" のような気分の上がる曲
電話で5分のおしゃべり、あるいは10分のお昼寝
散歩している犬の観察
止まらないネットショッピング
軽いスニーカーでジョギング
懐かしい手紙
…
‥
・

だから今、
誰かと別れても
ひどく落ち込んでいても
試験が不合格だったとしても
なかなか開かない鍵を握りしめているなら
少し顔を上げて周囲を見渡してみよう。

そのドアは、
意外と簡単に
開くかもしれない。

探し物

印鑑

去年の春のワンピース

使いかけのレターセット

巻き尺

数ヶ月前に撮った証明写真

パスポート

存在すら
すっかり忘れてたのに、
必要なときだけ探すから
すねちゃった？
ここぞとばかりに隠れて
とんと姿を現さない。

よく考えれば、人も同じ。

いつでも会えると思っていてはダメ。
会いたい人とは用事がなくても、ちょくちょく会おう。

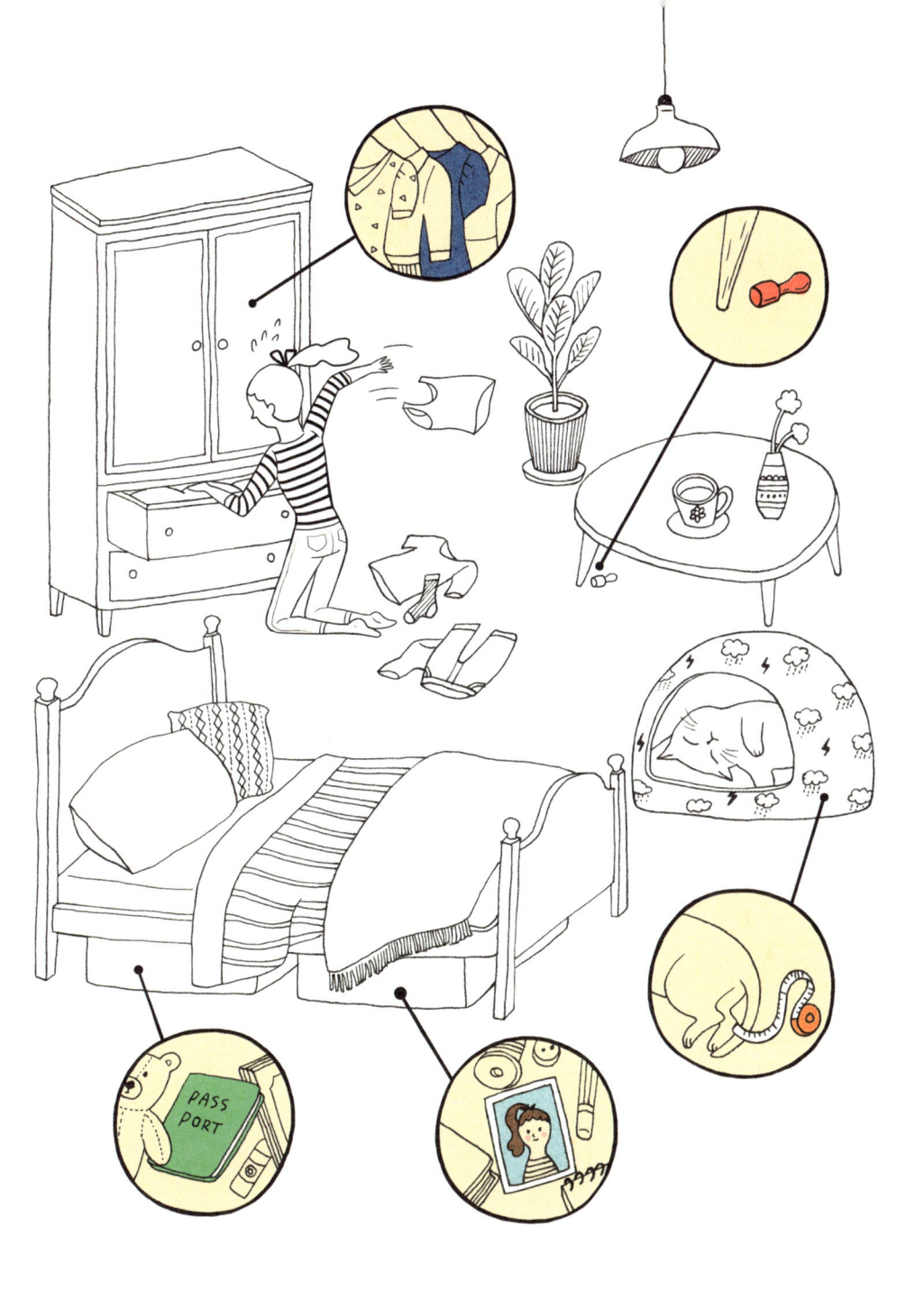

人が笑えば

質問1　この2週間、幸せいっぱいだったことはある?

質問2　この2週間、誰かを幸せいっぱいにしたことは?

質問3　この2週間、大笑いしたことはある?

質問4　この2週間、誰かを大笑いさせたことは?

もし質問1と3の答えが NO ならば
質問2と4の答えが YES になるように行動してみて。
きっと自然に質問1の答えも YES になるから。

誰かを幸せにできれば、
あなたもきっと幸せになれる。

＋1cm の想像力　その3

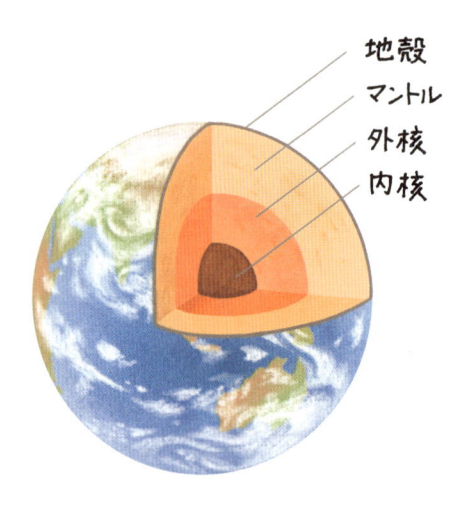

地殻
マントル
外核
内核

地球にとって大事なこと。

アイスクリーム
パウンドケーキ
いちごジャム
クッキー

私にとって大事なこと。
＝1日の糖分補充時間

気分を UP する方法　その1

down

閃かないインスピレーション
前途多難のプロジェクト
解決しない問題

up

散歩をしたり、花を眺めたりしましょう。
新鮮な空気や自然の中を歩くことで
脳内セロトニンが活性化して
気分が晴れやかになり、
幸福感が生まれます。

問題を解決できないときは、
気分が down するときは、
自分を机に縛り付けるなんてやめて、
解き方や場所を変えてみては?

バスタブで答えを見つけた
アルキメデスのように意外な場所で
閃きがあるかも
しれません。

気分を UP する方法　その2

down

恋人との別れ。
心臓がえぐられるような痛み。
また恋愛ができるかという不安。

up

心は再生されます。

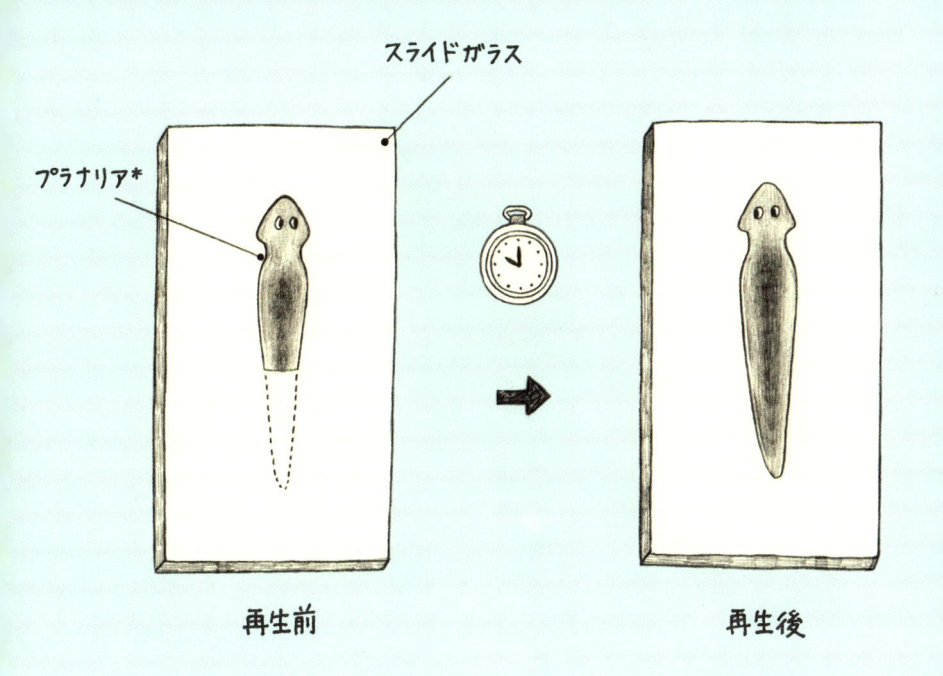

スライドガラス

プラナリア*

再生前   再生後

*プラナリア：河川や湖の底に生きる１〜３センチの長さの扁形動物。体の再生能力に優れている。

気分を UP する方法　その3

down

うまくいかないことの連続。
人生下り坂。

up

長い目で見れば、
右肩上がりの通過点に過ぎません。

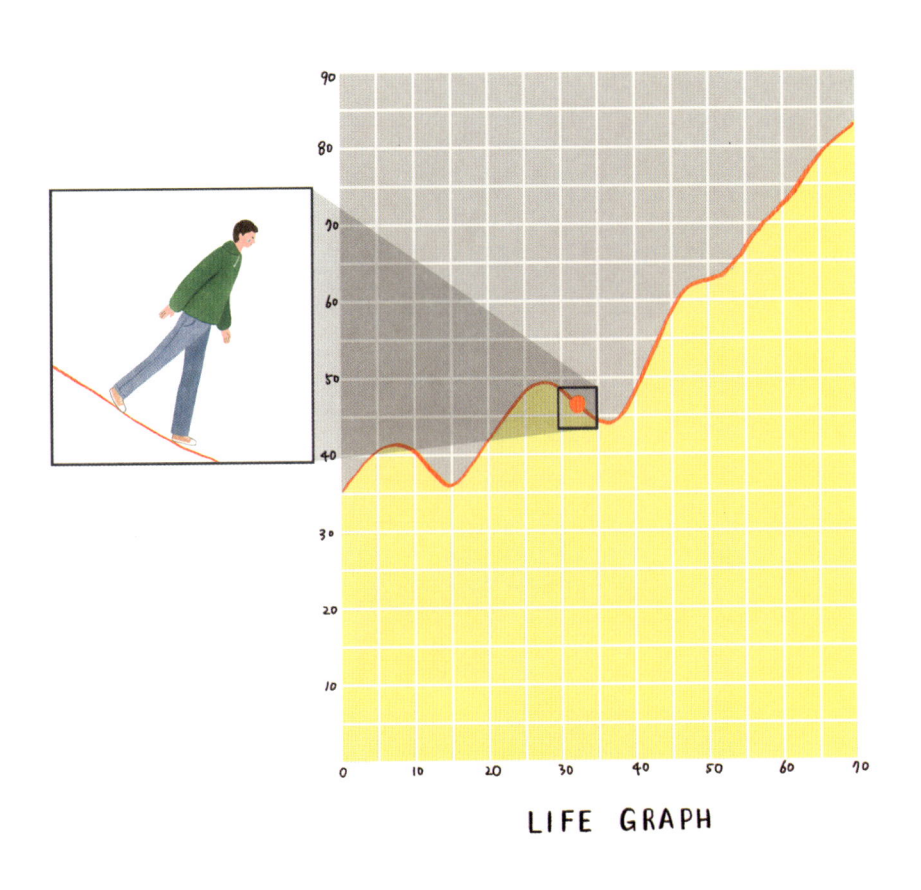

LIFE GRAPH

気分を UP する方法　その4

down

睡眠不足で眠い。
熟睡したのにまだ眠い。

仕事に追われてげんなり。
仕事を片付けたのにげんなり。

コーヒーの摂取不足でぐったり。
コーヒーを十分飲んだのにぐったり。

月曜日だから
火曜日だから
水曜日だから
木曜日だから
金曜日だから……
疲れた。

up

コンサートのときは
映画に入り込んでいるときは
恋人との熱いデートのときは
何か好きなことをしているときは……

疲れを感じません。

365日疲れが溜まっているなら、
何かをイヤイヤしているサイン。
エナジードリンクに頼らず、
徹夜しても疲れないほど
「自分が好きなこと」をしてみましょう。

まだやるの？

うーん

もう夜明けの
3時よ

今日もいい1日 『+1cm LIFE』より

誰かは今日
庭に花を咲かせた。

誰かは今日
転んだ人に手を貸した。

誰かは今日
折り紙を教えてあげて、

誰かは今日
飛ばされた風船をつかまえてあげた。

毎日がチャンス。
あなたの人生は
他の誰かの人生の
花となり
助けとなり
嬉しい知らせになり得る。

ゆえに生きることは
美しい。

ナイスキャッチ！

ぼくが作った
コマあげるよ

子供みたいな大人

大人の中に
成長しきれていない
子供が
存在している。

それは、
あらゆる恐れを
克服できる時間より
歳月の流れのほうが
ずっと早いから。

私たちはみんな
子供みたいな大人。

現実行きチケット

オフィスやリビングのソファーにじっと座っていても
頭の中はせっせせっせと移動中。

やり直したい場所へ。
失言しちゃった、
AよりBを選ぶべきだった、
緊張で口が渇く、
心配が現実と化した、
あの場所へ。

再び戻れない過去や
今は行けない未来を往き来して、
後悔したり不安になったり。

でも現実の旅では、移動の途中で
ひとつの場所に足を止める。

エキゾチックな香辛料の匂いが漂う場所で。
頬に当たる噴水の水しぶきが冷たい、
色とりどりの風船みたいに目に楽しい熱気球が空に浮かぶ、
初めてのサバケバブがすごく美味しい、
そんな場所で。

過去でも未来でもない今ここで、
心で、体で、
見て、聞いて、味わって、感じるのだ。

もしあなたが今、
過去を後悔し、未来を不安に思って
乗り物酔いに苦しんでいるなら、
思い切って現実の旅に出かけるのはどう？

自分の足で立つ現実の世界に
しっかり留まり
心を休め、
パワーを充電しよう。
旅先だからできること。

さあ、出発の時間。
土曜日の午後1時20分、フライトの行き先は
過去でも未来でも
ホグワーツ魔法魔術学校でもない、
現実行き。

Me ------> DREAMING

あなたの夢が叶うまで、あとたった1cm

TIME	GATE	NEXT
NOW	6	ME

1cm AIR TICKET   **FIRST CLASS**

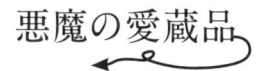

悪魔の愛蔵品

悪魔の愛蔵品に
仕分けられてしまったものたち

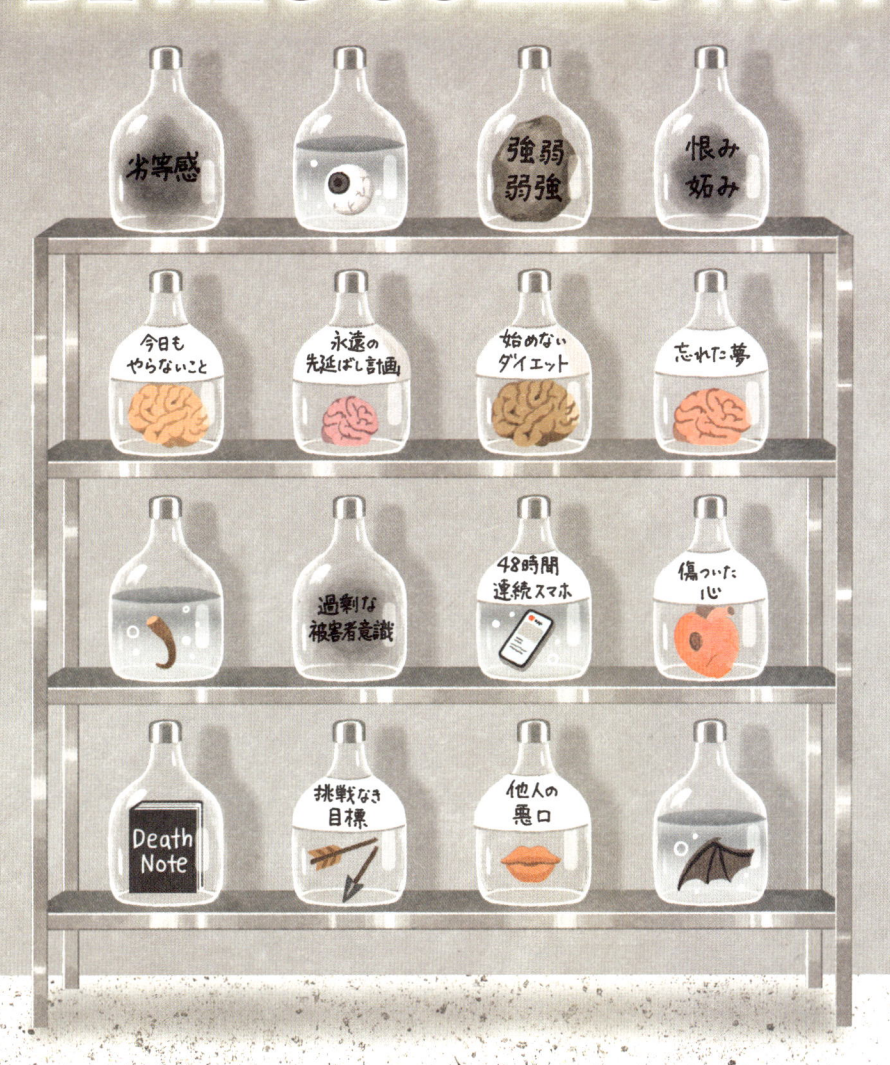

夢（　）叶える

DREAMS

「夢」と「叶える」をつなげるのは、
「を」ではなく、行動。

COME TRUE

チャレンジ！

BE AMBITIOUS!

「若いときにチャレンジせよ」と
誰かが言っていたけれど、

チャレンジャーは
若いのだ。

古びた鍵でも 『+1cm IDEA』より

古びた鍵でもドアを開けることができます。
小さな翼でも空を飛ぶことができます。
草笛でも素敵なメロディを奏でることができます。
短くなった鉛筆でも美しい詩を綴ることができます。

あなたが今手にしているものだけでも、
もう
十分立派なことを成し得るのです。

+ When I haven' t any blue, I use red.
（手持ちに青がないのなら、赤を使えばいい）

—— パブロ・ピカソ

原作：エドゥアール・マネ〈笛を吹く少年〉 1866年

たとえば 『+1cm LIFE』より

"芸術家みたい"
"詩人みたい"
"先生みたい"
"アイドルみたい"
"物語の主人公みたい"

あなたはどんなふうに
たとえられている?

人生をもう少し
かっこよく生きる理由は
たくさんある。

このページにあなたのサインを追加してください。

スピード違反

人間はときに
土地よりもまず現金を手にしたがり
ときめきを楽しむより喜びを味わいたがり
地道な訓練を省いて早く頂上を征服したがり
努力より先に結果を得たがるから、
無謀になり
どん欲になり
焦り
すぐに挫折する。

自然に目を向けてみて。
春が過ぎても冬にはならず、
根に直接花が咲くこともない。
秋にしっかり実を収穫できてこそ
地上で美しい花を咲かせられる自然界。
万物は水が流れるように時間をかけながら、

生まれては育ち、そして消えてゆくもの。
自然は身をもって教えてくれる。
あらゆるものには順序があって、
待つことは無意味ではなくプロセスなのだと。

そして、美しい花が一輪咲くまでに
季節は3回も変わるのだということを。

美しい愛が花開き、
勝利が光り輝くまで
待ちきれないなんて、
なんと愚かなこと。

実は花を追い越せない

忍耐

過程は苦くても、成果を甘く感じられるなら
努力できる人。
過程も成果も甘く感じられるなら
人生を楽しむことができる人。

もしかしたら後者は、
かなり能力のある人か、
単に能天気な人かもしれないけれど、
忍耐ですら楽しめることを発見できた
真の幸運の持ち主に違いない。

もう完成
してるのに

氷河期が来ても
やめそうにないわね

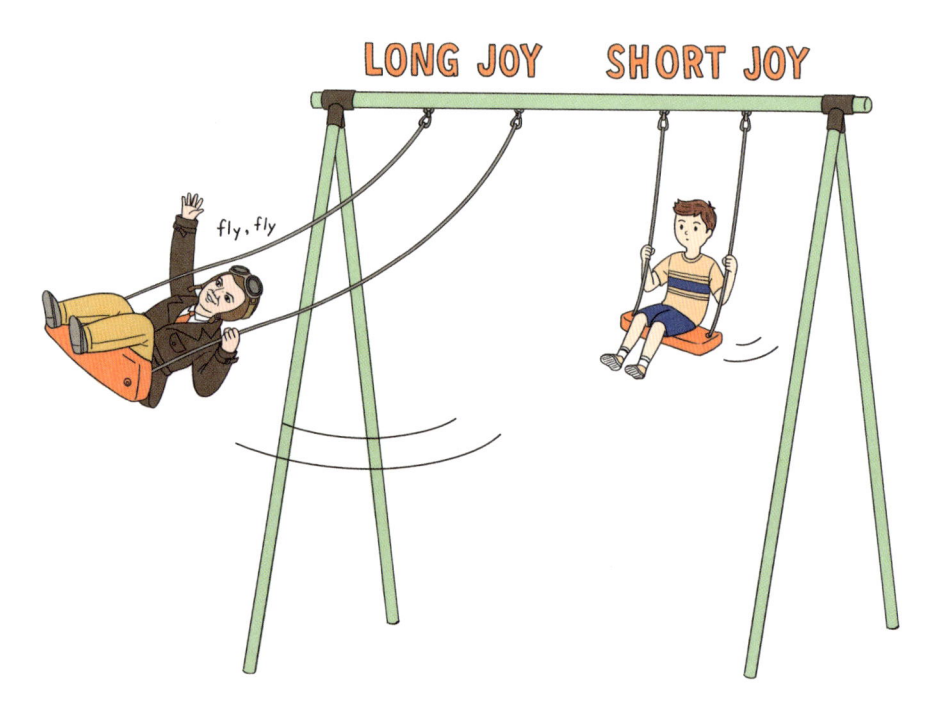

LONG JOY   SHORT JOY

fly, fly

束の間の楽しみ、長く続く楽しみ 『+1cm IDEA』より

人生には
束の間の楽しみと、長く続く楽しみがある。

ドラマを観る1時間、映画鑑賞の2時間半、
美味しい料理に舌鼓を打つ30分、
週末のショッピング3時間は、束の間の楽しみだ。

心身を鍛える長期トレーニング、
生涯好きでいられるものを見つけて
興味を深めていくこと、
月日が流れても壊れることのない
信頼関係を誰かと築いていくことは、長く続く楽しみだ。

束の間の楽しみは、誰かに提供されるもの。
手軽に味わえる代わりに終わってしまえばやがて消える。
長く続く楽しみは、自分で作り上げていくもの。
忍耐と涙と汗がつきものだけど
最後にはあなたの一部になる。

人生には、両方の楽しみが必要だから、
ときどき自分に訊いてみよう。
簡単に得られる束の間の楽しみにおぼれ、
長く続く楽しみを忘れてはいないかと。

「1日」に対する誤解 『+1cm IDEA』より

1日が過ぎても、1日は消えたりしない。
位置エネルギーが運動エネルギーに変わるように
1日も時間エネルギーから
また別のエネルギーに変わるだけ。

漁師の1日は、網にかかった魚になる。
作家の1日は、数ページ書き進めた小説になる。
子供の1日は、少し伸びた背丈になり、
恋人たちの1日は、他人行儀から親密な間柄になる。
バカンスに出かけた会社員の1日は、月曜日病に勝てる力となり、
新米主婦の1日は、昨日より美味しいキムチチゲになる。

夕飯の食卓にのぼる
名も知らぬ漁師がとった脂の乗ったサバのように、
ひとりひとりの1日は消えたりせず、
私たちのそばに、この世界に
いろいろな姿で存在しているのだ。

だから、
また1日が過ぎてしまうといって
残念がることはない。

自然を見れば

苦しい状況がずっと続きそうにしか思えないときは
暗雲が自然に晴れていくのを見ればいい。

実力不足で本当にできるか不安になって一歩踏み出せないときは
岩の隙間をかき分けて咲く可憐な花を見ればいい。

この愛が真実なのか自信が持てないときは
死ぬまで連れ添う、つがいの狼を思い出せばいい。

意味もなく親にイライラするときは
子ガラスにせっせと食べさせる、けなげな親ガラスを見ればいい。

週末も休めず仕事の重圧で頭が痛いときは
毎日12時間寝続けても餓死することのないナマケモノを思い出し、
やりたいこともなく、何もする気が起きないときは
狩猟のたびに死力を尽くすお母さんチーターを見ればいい。

いつも遅れをとってばかりと気落ちするときは
水中でスイスイ泳ぐ亀を見て、
待ち遠しいその日が果たして来るのか不安なときは
長く続いた冬の果てに、ついに訪れる春を感じればいい。

神は宝探しのように
自然のあちこちに
人生の答えを隠された。

頭が心を知らんふりするとき 『+1cm IDEA』より

旅に出たいのに、出かけられない理由を探し出す。

髪を真っ赤に染めてみたり、似合うかもしれない
攻めたファッションに挑戦したりはしない。

ロックコンサートで、借りてきた猫のようになる。

両親に今さら「大好き」なんて恥ずかしいから言わない。

スフレのレシピは難しそうだから習わない。

実用性が低そうなツードアのスポーツカーは買わない。

歌手になる夢があるのに、
開発チーム係長に甘んじている。

片思いでも、告白はしない。

頭が心を知らんふりするときに起こり得るのは
詰まるところ、
何にも起こらないってこと。

原作：ラファエロ・サンティ〈システィーナの聖母〉より　1513年頃

好きにおしゃれ
してみたら？

適応してはダメなこと

飛行機の騒音
気候の寒暖差
ママの小言
引っ越した町と新しい会社のシステム
妻の相変わらず上達しない料理の腕前
これらに慣れることは
……生きていくうえで必要な適応。

ソファーでグダグダしながらインスタント食品
毎日流れてくる悪いニュース
1日2回の嘘つき
人との傷つけ合い
失敗と挫折
これらに慣れっこになることは
……人生そのものを危うくする。

だから、
なんでもかんでも慣れっこにならないで。
真に生き生きした日々を送るために、
自分を蝕み、未来をおとしめるかもしれないことには
しっかり「ノー」と表明しよう。

沈んでしまう太陽に腹を立てないのは

沈んでしまう太陽に腹を立てないのは
明日も太陽が昇ることを知っているから。

無造作に散らばる種子を目にしても心配しないのは
そこここできっと花が咲くと知っているから。

激しいにわか雨に降られても、平静を保てるのは
やがて通り過ぎると知っているから。

消えゆく虹を残念に思わないのは
いつかまた見られると楽しみにできるから。

すぐに腹を立てたり、不安がったり、
平静を失ったり、残念に思ったりするのは、
ただ、知らないからだ。

新たなチャンスが訪れるだろうことを。
違った形で舞い戻ってくるだろうことを。
あらゆる問題はやがて解決されるだろうということを。
これが最後ではないということを。

Keep Walking _{『+1cm IDEA』より}

一度きりの成功は運かもしれないけれど
それが続けば実力になる。

一度きりの興味は好奇心かもしれないけれど
それが続けば本気になる。

一度きりの挑戦は遊び半分かもしれないけれど
それが続けば勇気になる。

ほんの一歩は消えてしまう足跡でも
それが続けば道になる。

一度きりは簡単で、
続けることは難しい。
けれど人生を、そして世の中を変えるのはきっと
あなたが継続するその何か——。

だから立ち止まることなく進んでほしい。
最大の力は、続けることで発揮されるのだから。

原作：ザ・ビートルズ〈アビイ・ロード（Abbey Road）〉アルバムジャケット　1969 年

未来からの手紙

今あなたが不安を感じているとしても。

もうこれで最後かもしれません。

陥るはずだった絶望もその可能性はなくなり、

あなたの名前で予約された未来は 美しく広がります。

汗は花となり、涙は実を結ぶことでしょう。

忘れられない苦労や痛みから、忘れていた苦労や痛みまで、

すべて報われるでしょう。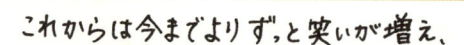

これからは今までよりずっと笑いが増え、

もっと胸を震わせることができます。

人生のクライマックスだと思っていた瞬間は、静かな前兆に過ぎません。

人生の最後に蘇る、見逃すにはあまりにも

美しすぎる瞬間が無数に訪れます。

ときどき、とても激しい痛みにおそわれたとしても心配は無用です。

あなたはもう十分強くなっていますから。

他人の痛みにも耳を傾け、そっと抱きしめてあげられるほどに。

まだ見知らぬ素晴らしい人々が待ち受けています。

偶然と運命が力を合わせて、彼らを引き寄せてくれるでしょう。

彼らの人生があなたと似ていても、あるいは全く違っていても、

豊かなインスピレーションと活力をあなたに与えてくれます。

彼らとの交流で、

新たな世界、もっと気に入る新しい自分を発見できます。

さらに、めったに見られない世界にも巡り合えるでしょう。

その瞬間、心が弾むどころではなく、生きているんだとしっかり感じられます。

あなたがこの世に生まれた大切な意味を新たに見出せることでしょう。

旅先では野生のシャチの海中レースより貴重な場面や、

ムンバイ洗濯場のインド人の人生より活気あふれるワンシーンを

目にするでしょう。

そして旅先から戻れば、あなたは人生の主人公になっています。

もう誰もあなたの代わりにはなれません。

旅はときに人生のようで、人生はときに旅のようなものです。

その共通点は「明日が待ち遠しい」という想い。

でも、どうしても悲しくて涙を流す日が来たときは、

いっときだけに留めましょう。

絶望が長引けば、絶望した未来になってしまいます。

だから立ち上がって明日に歩み出してください。

やがて訪れる未来では、また自分の人生の主人公になってください。

これは、あなたの未来から届けられた、あなた宛の手紙です。

手紙には住所こそありませんが、
真実がしたためられています。

P.S. 真実を知らされて、ドキドキしていますか？
大丈夫。正常な反応です :)

あなたが、あなたになれますように

本当に文学が好きなら
読書が趣味のカフェオーナーより、小説家になれますように。

歌をこよなく愛するなら
歌が上手なシェフより、舞台に立つ歌手になれますように。

大の旅行好きなら
バカンスを指折り数える会社員よりも、旅行ライターになれますように。

コメディーが心から好きなら
ユーモアあふれる取引先の社員よりも、コメディアンになれますように。

本当に愛するものが、
完全にあなたのものとなりますように。
それが実現するまで、
勇気と根気を持てますように。

夢にどんな未練も残しませんように。
人生があなたにチャンスをくれますように。

もしも思うように夢が叶えられなくても、
光り輝く真珠のように美しい人生のワンシーンを抱けますように。
失敗ではなく、挑戦だったと胸を張れますように。

夢を描いたことを後悔しませんように。
過去の夢よりももっと素晴らしい現在を、
笑顔で生きていけますように。

インスピレーションのリレー

デイヴィッド・ホックニーはアンディ・ウォーホルにインスピレーションを得て、
ダリはフロイトの理論を通して作品の世界を広げた。
プッチーニはダンテの『神曲』に共鳴してオペラを作曲し、
アインシュタインは哲学者デイヴィッド・ヒュームに影響を受け、
相対性理論を誕生させた。

インスピレーションが偉大なのは、分野を問わないから。
今日、偶然耳にした曲が問題解決の糸口になったり、
意外な影響を与えてくれたりする。
それがたとえ音楽と無関係の仕事であっても。

日常で、もうちょっと頻繁に
「よそ見」が必要なのも、実はそのため。

帰りがけに書店のエッセイ棚 C-7 で、
週末の展覧会、気鋭の新人画家のスケッチに、
散歩中ふと八重桜を前に、
時間つぶしに偶然立ち寄った雑貨ショップで、
自分にしか見つけられない小さなブティックで、
あなたが受け取る予想外のインスピレーション。

それは新たな自分を発見させ、
豊かな人生の道へと誘ってくれる。

I see me

I hear me

I admire me

I love me

I need me

1cm+me

登場人物紹介

クマくん

ロマンチックな愛を
大切にしている。
見た目にマッチしない
つぶらな瞳が
コンプレックスで、
サングラスが
トレードマークに。

クマ
なし

シロクマちゃん

北極から移住してきた。
移住後はDHA含有の鮮魚を
あまり食べられず、
目の周りにひどいクマが
できてしまった。

なにがしちゃん

あなたと同い年。
ストライプの服が好きで、
趣味はネットショッピングと
編み物。特技はバイクレース。
一言では言い表せない
魅力的な女性。

プードル

実はIQ147！
犬らしい愛嬌を見せる一方で、
ミラン・クンデラと
ショーペンハウアーを愛読。
二重生活をこっそり
楽しんでいる。

ぬいぐるみのニャンコ

前世は、なにがしちゃんの
元カレがくれたブラックドレス。
捨てようとしたけど、
やっぱり大切な思い出だから、
この子を作った。
ある日ボタンが落ちて
オッドアイに。

＋1cm BEST
あなたの人生がたちまち輝く
あと1cmの魔法

2024年10月8日　第1刷発行

著　者	キム・ウンジュ　　ヤン・ヒョンジョン
訳　者	小笠原藤子
日本語版デザイン	五木田裕之　小寺練
手書き文字	菅原実優
校　正	株式会社ぷれす
編　集	森彩子
発行者	山本周嗣
発行所	株式会社文響社
	ホームページ　https://bunkyosha.com
	お問い合わせ　info@bunkyosha.com
印刷・製本	株式会社光邦